Edith Schreiber-Wicke • Richard Rabe

OMNIBUS

Foto: © privat

DIE AUTORIN

Edith Schreiber-Wicke lebt in Wien und Grundelsee. Am liebsten schreibt sie über die Wirklichkeit nebenan. Über Bären, die zum Film gehen, kunterbunte Raben, Trolle, Ufonauten und andere alltägliche Dinge.

Hinweis: Dieses Buch ist ein Abenteuer. Es kann nicht ausgeschlossen werden, dass sich beim Lesen die Welt verändert. Verwandlungen in Raben während der Lektüre wurden jedoch bis jetzt nur vereinzelt beobachtet.

Edith Schreiber-Wicke

Richard Rabe

Mit Illustrationen
von Carola Holland

Band 20085

Der Taschenbuchverlag
für Kinder und Jugendliche
von Bertelsmann

Umwelthinweis:
Dieses Buch wurde auf chlorfrei gebleichtem
Papier gedruckt.

Genehmigte Taschenbuchausgabe Dezember 1998
Gesetzt nach den Regeln der Rechtschreibreform
© 1994 by K. Thienemanns Verlag in Stuttgart–Wien
Alle Rechte dieser Ausgabe vorbehalten durch
C. Bertelsmann Jugendbuch Verlag, München
in der Verlagsgruppe Bertelsmann GmbH
Innenillustraionen und Umschlagbild: Carola Holland
Umschlaggestaltung: Klaus Renner
bm · Herstellung: Stefan Hansen
Satz: Uhl + Massopust, Aalen
Druck: Presse-Druck Augsburg
ISBN 3-570-20085-X
Printed in Germany

10 9 8 7 6 5 4 3 2 1

Der Tag des Raben

Niemand hätte gedacht, dass Richard eines Tages ein Rabe werden würde. Am wenigsten Richard selbst. Richard war blond, mit ein paar Sommersprossen auf der Nase und ziemlich klein für sein Alter. Es geschah, als Richard unter dem großen alten Haselnussstrauch saß. Er saß da, dachte an nichts Bestimmtes und wartete darauf, dass seine Mutter ihn zum Essen rufen würde.

Plötzlich stand der große schwarze Rabe vor ihm. »Du bin ich und ich bist du«, sagte der große schwarze Rabe.

Richard wunderte sich. Noch nie hatte ein Vogel mit ihm gesprochen. Schon gar nicht so etwas Merkwürdiges.

»Versteh ich nicht«, sagte Richard.

»Es ist ganz einfach.« Der Rabe sah ihn mit rabenschwarzen, schlauen Augen an. »Wir tauschen. Du wirst Rabe, ich werd Kind.«

»Aber meine Mutter ruft mich gleich zum Mittagessen«, gab Richard zu bedenken.

»Sie merkt nichts«, sagte der Rabe. »Was merken Erwachsene schon.«

»Nicht viel.« Richard musste ihm Recht geben.

»Wie ist es denn so als Kind?«, fragte der Rabe.

»Es geht«, sagte Richard. »Manchmal ist es ganz nett. Und als Rabe?«

»Schön, glaub ich«, meinte der Rabe nachdenklich. »Wenn man keinen Hunger hat.«

»Und wie tauschen wir?«, wollte Richard wissen.

»Es ist ganz einfach«, sagte der Rabe. »Du musst nur sagen, dass du es willst.«

»Kann ich dann fliegen?«, fragte Richard.
»Klar, Raben können das«, nickte der Rabe.
»Werdet ihr in der Schule gefragt, wie viel 7 mal 16 ist?«, fragte Richard weiter.
Der Rabe schüttelte den Kopf.
»Ich glaub, ich will«, sagte Richard.
Der Rabe plusterte sich auf und drehte sich langsam dreimal linksherum. Dazu sagte er:

»Hoch hinauf, pfeilschnell hernieder,
niemand sagt mir, was ich tu,
trägst die Nacht jetzt im Gefieder,
Kind bin ich und Rabe du.«

Richard schüttelte sein glänzend schwarzes Gefieder und stieg etwas unsicher von einem Bein aufs andere. Neben ihm im Gras saß ein blondes Kind mit Sommersprossen. »Toll. Beinahe hätte ich's dir nicht geglaubt«, sagte Richard der Rabe anerkennend. Er flog probeweise auf einen nicht zu hohen Ast. »Geht gut!«, rief er herunter zu dem blonden Kind, das unter dem Haselnussstrauch saß.
»Klar«, sagte das blonde Kind, »hab ich dir doch versprochen.«
»Mach's gut!«, rief Richard der Rabe.

»Du auch«, sagte das blonde Kind. »Wenn du in Schwierigkeiten kommst, frag nach der Räbin Runa. Sag einfach: Randolf schickt dich. Randolf der Grenzgänger. Das bin ich.«

»Schwierigkeiten?«, rief Richard der Rabe. »Wer fliegen kann wie ich, hat keine Schwierigkeiten.« Und er flog auf die allerhöchste Fichte.

»Trottel, nachtschwarzer!«, sagt jemand neben ihm. »Was schreist du denn so? Auf die Art lebst du nicht lang. Da drüben wohnt einer, der schießt auf Vögel. Nur so, zum Spaß.«

Neben Richard dem Raben saß ein schön gefärbter Vogel.

»Du hast aber einen schönen roten Bauch«, sagte Richard bewundernd.

»Eine schöne rote Kehle«, verbesserte der Vogel. »Schließlich heiß ich Rotkehlchen und nicht Rotbäuchlein.«

»Ich heiße Richard und bin ein Rabe«, stellte sich Richard vor.

»Ohne Zweifel«, sagte das Rotkehlchen und grinste.

Richard der Rabe hatte nicht gewusst, dass man mit einem Schnabel tatsächlich grinsen kann. Kann man aber.

Das Rotkehlchen verabschiedete sich. »Wer leise lebt, lebt länger«, sagte es noch.

Richard nahm sich vor, manchmal daran zu denken.

Zwei Raben setzten sich neben Richard auf einen Ast.

»Ich bin Ralf«, sagte der eine. »Ralf der Wachsame.«

»Und ich Rudi«, sagte der andere. »Rudi der Aufmerksame.«

»Richard – sehr angenehm«, sagte Richard.

Aber sie waren ihm gar nicht angenehm. Er wollte, dass sie weiterflogen. Taten sie aber nicht. Sie saßen stumm und schauten ernst wie zwei Raben.

»Es wird Zeit«, sagte Rudi nach einer kleinen Ewigkeit. »Komm.« Er sagte es so entschieden, dass Richard wortlos die Flügel ausbreitete und zwischen den beiden über die Wiesen Richtung Sonnenuntergang flog.

»Wer seid ihr?«, fragte Richard.

»Sicherheitsraben«, sagten Rudi und Ralf im Duett.

»Ich brauch keine Sicherheitsraben«, sagte Richard. »Ich bin ganz sicher. Ich kann fliegen.«

»Wir haben einen Auftrag«, sagte Ralf.
»Du wirst erwartet«, ergänzte Rudi.
»Mich erwartet niemand«, sagte Richard, erleichtert über den offensichtlichen Irrtum. »Ich bin

erst seit kurzem ein Rabe.« Darauf sagten Ralf und Rudi nichts.

»Also dann«, sagte Richard und drehte eine elegante Schleife in die andere Richtung. »Bis zum nächsten Mal.«

Aber Ralf und Rudi blieben ganz dicht neben ihm. Richard wusste nicht genau, wie sie es anstellten. Irgendwie zwangen sie ihn, zwischen ihnen weiterzufliegen.

»Wo bringt ihr mich hin?«, fragte Richard. Das ungewohnte Fliegen machte ihn müde.

»Man muss dir Pflichten zuteilen«, sprach Ralf schließlich.

»Sehr aufmerksam«, sagte Richard. »Aber ich möchte gar keine Pflichten zugeteilt bekommen.«

»Er möchte keine Pflichten, hast du gehört?«, krächzte Rudi.

»Ich hab's gehört«, bestätigte Ralf.

Unter Raben

Sie kamen zu einem Baum, der ganz schwarz vor lauter Raben war. Noch nie hatte Richard so viele Raben auf einmal gesehen.

»Kennwort?«, fragte der Wachrabe streng, als sie auf dem Baum landen wollten.

»Krok«, antworteten Ralf und Rudi zweistimmig.

Nicht sehr einfallsreich, dachte Richard. Aber sie durften landen.

»Ein Neuer!«, meldeten Ralf und Rudi im Duett.

Alle Raben drehten sich zu Richard und schauten ihn mit neugierigen schwarzen Augen an.

»Höre«, sagte ein Rabe. »Du bist jetzt einer von uns und musst eine Aufgabe übernehmen. Was kannst du besonders gut?«

Richard überlegte. Papierflieger falten. Schiffe zeichnen. Geschichten erfinden. Das war wahrscheinlich alles hier nicht zu brauchen. »Am liebsten tu ich, was mir gerade einfällt«, erklärte er. »Aufgaben hab ich schon in unserer Schule nicht leiden können. Und wenn ich jetzt ein Rabe bin, dann will ich höchstens Flugkunststücke üben. Aber sonst gar nichts.«

Alle schauten ernst und verständnislos. Der Sprecher der Raben schüttelte den Kopf. »Wir dulden hier keine Einzelraben. Du brauchst den Schwarm und der Schwarm braucht dich.«

Richard versuchte sein letztes Argument. »Aber ich bin doch gar nicht wirklich ein Rabe.«

»Was heißt schon wirklich«, sagte der andere. »Du schaust aus wie ein Rabe, redest wie ein Rabe, also bist du ein Rabe. Morgen fliegst du mit den anderen auf Saatsuche. Dann werden wir weitersehen.«

In seiner ersten Nacht als Rabe schlief Richard schlecht. Er träumte, er hätte das Fliegen verlernt. Unbeholfen hüpfte er herum, als plötzlich seine Katze Kleopatra vor ihm auftauchte. »Ich bin's!«, rief Richard. »Ich schau nur aus wie ein Rabe. Aber ich bin Richard.« Die Katze schien ihn nicht zu verstehen und duckte sich zum Sprung. Genau in diesem Augenblick wurde Richard von lautem Krächzen geweckt.

»Zeit für die Saatsuche«, sagte Richards Nachbar und putzte seine metallisch glänzenden Federn.

Auch die anderen waren alle damit beschäftigt, das Gefieder zu säubern.

»Wozu bin ich Rabe geworden?«, seufzte Richard. »Hier klingelt der Wecker nicht, sondern er krächzt. Statt Waschen und Kämmen muss jede einzelne Feder poliert werden. Und statt Rechnen steht Saatsuche auf dem Stundenplan. Fehlt grade noch, dass jemand fragt, ob ich schon Zähne geputzt habe.«

An Flucht war nicht zu denken. Ralf und Rudi ließen ihn nicht aus den Augen. Also flog Richard mit dem Schwarm los. Obwohl ihn die Aussicht auf Saatkörner nicht besonders lockte.

»Das dort scheint ein frisches Saatfeld zu sein«, sagte der Rabe, der rechts neben Richard flog. »Man bekommt einen Blick dafür im Lauf der Zeit.«

Plötzlich stieß der vorderste Rabe einen Warnschrei aus. Der ganze Schwarm drehte blitzschnell ab und landete auf einem Baum.

»Was ist los?«, fragte Richard. »Ich denke, wir wollen frühstücken?« Er war doch schon sehr hungrig. Die Aussicht auf feine, frische Saatkörner gefiel ihm immer besser.

»Hast du nicht gesehen?«, fragte einer der Raben ganz entsetzt. »Ein Mensch ist auf dem Feld.«

»Ein Mensch!« Richard begann heiser krächzend zu lachen. »Das war doch nur eine Vogelscheuche. Versteht ihr – ein nachgemachter Mensch! Ich hab nie geglaubt, dass das wirklich funktioniert.«

»Aber er hat sich bewegt«, gab einer der Raben zu bedenken.

»Man macht die Vogelscheuchen so, dass sie sich im Wind drehen«, erklärte Richard.

»Warum fliegst du nicht hin, wenn du so sicher bist?«, fragte ein anderer Rabe misstrauisch.

»Soll ich?«, fragte Richard. Ralf und Rudi nickten. Richard zog eine Schleife und landete auf dem Kopf der Vogelscheuche. Er spazierte einen der ausgestreckten Arme entlang. Dann flog er noch einmal auf ihren Kopf, hüpfte übermütig darauf herum und rief dabei: »Glaubt ihr's jetzt?«

Die Schar kam angeflogen und ließ sich auf dem Feld nieder. Alle wurden satt. Auch Richard. Aber er war nicht ganz so zufrieden wie die anderen. Er dachte an Pommes frites und Spagetti. An gebratene Maroni und Schokoladenpudding. An Apfelkuchen und Pistazieneis. Er musste dauernd schlucken, so deutlich dachte er.

Sei nicht so verfressen, sagte Richard streng zu sich selbst. Du kannst fliegen. Keiner fragt dich, wie viel 7 mal 16 ist. Du bist mitten in einem Abenteuer. Und willst aufgeben, nur weil dir der Speisezettel nicht passt?

Irgendwann werde ich wieder nach Hause fliegen und mit Randolf tauschen. Später einmal. Zur Vorsicht sollte man vielleicht das seltsame Gedicht nicht vergessen. Wie war das …?

»Hoch hinauf, pfeilschnell hernieder,
niemand sagt mir, was ich tu,
trägst die Nacht jetzt im Gefieder,
Kind bin ich und Rabe du.«

Richard murmelte den Spruch des Raben vor sich hin. Er würde ihn sich jeden Abend vorsagen. Und zwischendurch. Oder gab es etwa für die Rückverwandlung einen anderen Spruch, den er nicht kannte? Er hatte völlig vergessen, danach zu fragen. Wenn dieser Randolf nun …

Richard hatte keine Zeit, diesen Gedanken weiterzuverfolgen.

»Abflug, liebe Kollegen!«, hieß es. Da waren auch schon wieder Ralf und Rudi neben ihm.

Niemand wird mir das jemals glauben, dachte Richard. Er breitete die Flügel aus und flog mit den beiden Sicherheitsraben los. Immer weiter weg von dem Haus, in dem seine Eltern wohnten, die Katze Kleopatra und ein Richard, der eigentlich ein Rabe war. Ich muss es erst lernen, das Rabenleben, dann wird es mir schon gefallen, dachte er.

Die Räbin Runa

Sie waren ziemlich weit geflogen, als sie sich endlich niederließen. Der neue Wohnbaum, den sie fanden, war vor Wind und neugierigen Blicken gut geschützt, außerdem sehr geräumig. Richard bezog einen Ast ganz für sich allein, ziemlich hoch oben in der Krone. Die Aussicht war großartig und Richard war so weit ganz zufrieden. Nur etwas machte ihm Sorgen: Er merkte, dass mit jeder Stunde als Rabe die Erinnerung an früher mehr und mehr verblasste. Ich muss das Erinnern üben, dachte Richard. Sonst hab ich eines Tages vergessen, dass ich eigentlich gar kein Rabe bin.

Es flatterte schwarz neben Richard und eine Stimme sagte: »Gestatten?« Raben sind meistens sehr höflich zueinander.

»Bitte sehr.« Richard zeigte mit einer Bewegung seines Schnabels auf den Ast gegenüber. Der Rabe ließ sich nieder und ordnete sorgfältig seine Federn.

»Welchem Umstand verdanke ich das Vergnügen?«, fragte Richard nach höflicher Rabenart.

»Wenn ich das nur wüsste...«, grübelte der andere. »Ja, jetzt fällt's mir wieder ein. Ich wollte fragen, ob ich helfen kann. Deine Stimmung wirkt ausgesprochen gefiederfärbig.«

»Ich habe Angst zu vergessen«, sagte Richard.

Der andere wiegte den Kopf. »Warum Angst? Ich vergess auch alles und fühl mich sehr wohl dabei.«

»Bei mir ist das anders«, seufzte Richard. »Wenn ich vergess, wer ich bin, komm ich nie wieder nach Hause.«

»Bist du nicht hier bei uns zu Hause?«, fragte der Rabe erstaunt.

»Nicht wirklich«, sagte Richard. »Ich bin doch gar kein Rabe.«

»Richtig – das hatte ich vergessen«, krächzte der andere. »Aber es gibt bei uns jemand, der fürs Erinnern zuständig ist. Wer kann denn das nur sein? Schade, weiß ich nicht mehr.«

»Denk nach«, drängte Richard. »Es ist sehr wichtig für mich.«

Der vergessliche Rabe legte die Stirnfedern vor Anstrengung in Falten. »Jetzt fällt es mir wieder ein. Die Räbin Runa ist es. Runa die Zeitsehende.«

Wie hatte Randolf gesagt: Wenn du in Schwierigkeiten kommst, frag nach der Räbin Runa ... »Wo wohnt sie?«, erkundigte sich Richard eifrig.

»Wer denn?« Der vergessliche Rabe runzelte schon wieder angestrengt die Stirnfedern.

»Na, die Räbin Runa«, drängte Richard.

»Ach die. Sieben Eichen weiter Richtung Sonnenaufgang.« Er war sichtlich erschöpft vom vielen Erinnern.

»Verbindlichen Dank«, sagte Richard.

»Wofür?«, fragte der vergessliche Rabe. Aber er wartete keine Antwort ab, sondern verabschiedete sich eilig.

»Seufz!« Richard sah ihm kopfschüttelnd nach. »Ich muss die Räbin Runa finden, und zwar schnell. Womöglich ist Vergesslichkeit ansteckend.« Er schaute sich um, ob er vielleicht unauffällig den Baum verlassen konnte. Aber nur zwei Äste weiter saßen stumm und wachsam Ralf und Rudi, die Sicherheitsraben.

»He – ihr!«, rief Richard. »Ich brauch für ein paar Stunden Urlaub!«

»Das kann ...«, sagte Ralf.

»... nur Rocco entscheiden«, sagte Rudi.

Rocco der Trickreiche war der Anführer des

Schwarms. Und der beste Flieger von allen. Seine Sturzflüge aus großen Höhen waren berühmt. Seine Tricks einfach Spitze. Er konnte wie ein Stein vom Ast kippen, erst kurz vor dem Boden noch die Flügel ausbreiten und elegant wieder hochziehen.

»Immer muss man wen fragen«, murrte Richard. »Wozu bin ich Rabe geworden?«

Rocco residierte in den höchsten Zweigen der Baumspitze.

»Ich will die Räbin Runa besuchen«, sagte Richard. »Man sagt, sie weiß, wie man nicht vergisst.«

Rocco betrachtete Richard lange. Dann schien er zu einem Entschluss zu kommen. »Du hast Zeit von morgen Sonnenaufgang bis die Sonne am höchsten steht. Dann ziehen wir weiter. Kannst du versprechen, dass du zurückkommst?«

»Großes Rabenwort«, sagte Richard.

»Wer verspricht es? Der Rabe oder der andere, der du vorher warst?«

»Beide«, antwortete Richard.

»Dann ist es gut.« Damit war das Gespräch mit Rocco beendet.

Richard flog zurück auf seinen Ast.

Auch in dieser Nacht schlief er unruhig. Im Traum zog er mit seinem Schwarm über eine stür-

misch bewegte Wasseroberfläche. Nirgends war Land in Sicht oder auch nur eine kleine Insel oder wenigstens ein Boot. Und Richard merkte, wie seine Flügel schwer und schwerer wurden. Ein Gewicht schien ihn nach unten zu drücken. »Ich kann nicht mehr«, rief Richard. »Ich stürze ab.«

»Würd ich mir echt überlegen an deiner Stelle«, sagte der Rabe, der neben ihm flog. »Weißt du nicht, was das da unten ist?«

»Na, irgendein Wasser«, keuchte Richard.

»Das ist nicht irgendein Wasser. Es ist das Meer des Vergessens. Wer da hineinplumpst, der ist nicht nur weg, der ist wegger als weg. Den hat es nie gegeben.«

Richard flog schon ganz dicht über der Wasseroberfläche. Ich will aber, dass es mich gibt, dachte er noch. Dann schlugen die Wellen über ihm zusammen.

Richard wachte auf, als die Sonne eben ihre ersten rötlichen Strahlen über den Hügel im Osten schickte. Als die Sonne höchstpersönlich auftauchte, hatte er schon jede einzelne Feder poliert und war bereit zum Abflug.

»Bis Mittag«, sagte Rudi.

»Und kein bisschen länger«, sagte Ralf.

Richard flog Richtung Sonnenaufgang. Eichen waren selten. Er war schon ziemlich weit geflogen, bis er endlich sechs davon gezählt hatte. Nach der sechsten kam lange keine mehr. Fichten, Buchen, ab und zu eine Lärche. Die Sonne stieg höher und höher. Er kam zu einer Lichtung. Und da – genau in der Mitte – stand eine mächtige Eiche. Richard landete auf einem der oberen Äste. Ein Eichhörnchen saß gegen den Stamm gelehnt und knackte eine Haselnuss.

»Wünsche wohl zu speisen«, sagte Richard als höflicher Rabe.

»Wünsche allein zu speisen«, antwortete das Eichhörnchen weniger höflich und spuckte in hohem Bogen ein Stück Nussschale aus. Knapp an Richard vorbei.

»Ich suche die Räbin Runa«, sagte Richard, ein wenig beleidigt.

»Probier's drei Äste tiefer«, antwortete das Eichhörnchen undeutlich. Es knackte gerade die nächste Nuss mit den Backenzähnen.

Richard flog drei Äste tiefer. Zwischen dichtem Eichenlaub sah er zwei glänzende schwarze Augen auf sich gerichtet. »Man kommt zu mir?«, krächzte Runa. »Was wünscht man?«

»Ich möchte mich erinnern können«, erklärte Richard. »Raben sind manchmal so vergesslich.«

»Was du vergesslich nennst, ist die Kunst, in die Zukunft zu sehen statt in die Vergangenheit.« Runa betrachtete Richard eingehend. »Du bist kein Rabe«, stellte sie dann ruhig fest.

Richard war beeindruckt. »Stimmt. Ich hab mit Randolf getauscht.«

»Mit Randolf dem Grenzgänger, soso«, sagte Runa bedeutungsvoll. »Ich verstehe.«

»Ich will nicht vergessen, wer ich bin«, sagte Richard. »Kann ja sein, dass ich eines Tages wieder nach Hause möchte.«

»Hast du Angst zu vergessen, dass es Bäume gibt mit grünen Blättern?«, fragte sie.

»Natürlich nicht«, antwortete Richard. »Die sind ja überall.«

»Und Wolken, die der Wind treibt?«, fragte Runa weiter.

»Wie kann ich die vergessen«, sagte Richard. »Ich seh doch täglich welche.«

»Auch Gedanken sind wirklich«, sagte Runa. »Du musst lernen, sie zu sehen.«

»Wie?«, fragte Richard.

Runa schaute blinzelnd zu dem strahlend blauen Himmel auf. »Siehst du die Wolke da oben?«

Richard folgte ihrem Blick. Eine einsame kleine Wolke segelte im Blau.

»Natürlich seh ich die Wolke«, sagte Richard etwas ungeduldig. Er begann daran zu zweifeln, dass Runa ihm helfen konnte.

»Stell dir irgendwas aus deinem anderen Leben auf dieser Wolke vor«, sagte Runa.

Richard starrte zu der Wolke hinauf. Er stellte sich das helle Holzhaus vor mit den rosa Blumen an den Fenstern. Auf der Bank beim Eingang lag Kleopatra und säuberte eifrig ihr glänzendes, dreifarbiges Fell. Richard staunte. Je länger er hinaufschaute, desto deutlicher sah er das Haus da oben auf der Wolke stehen. Langsam zog es mit dem Wind dahin. Sogar die Gießkanne neben der Haustür konnte er erkennen. Er hörte Runa vor sich hin murmeln:

»Nebel wallt, Wasser wiegt,
schwarze Wellen spiegeln Licht,
weiße Wolken tragen Zeit,
wer ich bin, vergess ich nicht.«

Richard starrte noch immer der Wolke nach.

»Schließ jetzt die Augen«, befahl Runa. »Auf jeder Wolke, die du in Zukunft siehst, sind Bilder aus deinem anderen Leben. Zähl bis drei und öffne dann die Augen.«

Richard blinzelte in die Sonne.

»Sprich mir nach«, befahl Runa. »Jede Wolke trägt von nun an meine Erinnerungen. Und das ist so.«

»Jede Wolke trägt von nun an meine Erinnerungen. Und das ist so«, wiederholte Richard.

»Jetzt kannst du nicht mehr vergessen«, sagte Runa. »Selbst wenn du es wolltest.«

»So einfach ist das?«, wunderte sich Richard.

»Alle großen Geheimnisse sind einfach«, sagte Runa.

Wenn es nur wirklich funktioniert, dachte Richard. Er schaute zum Himmel. Die Sonne stand schon ziemlich hoch.

»Ich muss zurück«, sagte Richard.

Runa die Zeitsehende nickte. Sie schien mit ihren Gedanken weit weg zu sein.

Richard bedankte sich und flog, so schnell er konnte, die ganze Strecke wieder zurück.

Ralf und Rudi schauten zur Sonne und nickten dann wohlwollend.

»Ausgesprochen pünktlich«, lobte Rudi.

»Wir ziehen gleich weiter«, sagte Ralf.

Richard war froh, dass ein Rabe keinen Koffer packen muss, wenn er verreist. Er wollte unbedingt probieren, ob Runas Zauber tatsächlich wirkte. Er schaute zum Himmel. Keine Wolke weit und breit. Doch – da, eine ganz kleine. Konnte eine so kleine Wolke seine Erinnerungen tragen? Richard starrte hinauf. Er sah wie vorhin das Haus, in dem er wohnte, wenn er nicht gerade ein Rabe war. Die Tür ging auf und Richards Mutter kam heraus. Richard wollte rufen, aber genau in diesem Augenblick krächzte jemand neben ihm: »Abflug, lieber Kollege!«

Das Erinnerungsbild auf der Wolke wurde durchsichtig und verschwand.

Es wirkt, dachte Richard. Ich werde nicht vergessen, wer ich war, solange es Wolken gibt. Und das ist so.

Er war plötzlich zuversichtlich, geradezu übermütig. Andere lernten vielleicht nie dieses herrliche Gefühl des Schwebens kennen. Er drehte ab und flog einen verwegenen Salto. Ralf und Rudi äugten misstrauisch, als er etwas atemlos nachgeflogen kam. »Du wirst deine ...«, sagte Ralf.

»... Kräfte noch brauchen«, ergänzte Rudi.

Aber es klang schon fast freundschaftlich. Und Richard zog mit dem großen Schwarm der Raben weiter. Einem unbekannten Ziel entgegen.

Der Geschichtenerzähler

Als der Schwarm an diesem Abend landete, fühlte Richard sich rabenmüde. Er schaute sich um. Nichts als Geröll und Steine. Weit und breit kein geeigneter Wohnbaum. Rocco der Trickreiche hatte den Lagerplatz geschickt gewählt. Felsblöcke schützten ihn gegen Blicke. Aber die Wachraben auf den Felsen konnten mögliche Angreifer rechtzeitig erkennen.

Richard war froh, dass er kein Wachrabe war. Das Einzige, was er im Augenblick sein wollte, war ein schlafender Rabe. Aber es war angenehm zu wissen, dass die anderen aufpassten. Dass man in der windgeschützten Felsnische sorglos einem neuen Tag entgegenschlafen konnte.

»Iiiiiih! Schau doch, die sind viel größer als wir und ganz schwarz!«, schrillte eine entsetzte piepsige Vogelstimme.

Richard wurde wach, schüttelte die Federn und schaute sich um. In einem Busch saß ein winziges braun geflecktes Vogelkind zwischen seinen Eltern. Es hatte alle Federn gesträubt und schaute angstvoll auf die Raben, die noch schliefen, gerade aufwachten oder ihr Gefieder säuberten.

Richard kam sich sehr alt und weise vor, als er sagte: »Wir sind Raben und fressen nur ganz selten kleine Vogelkinder zum Frühstück.«

»Tschilp«, machte das Vogelkind, »aber warum seid ihr so furchtbar schwarz?«

»Das gehört sich so für Raben«, sagte Richard.

»Aha«, sagte das Vogelkind. »Sag, werd ich auch einmal so groß wie du?«

»Ganz so groß nicht«, antwortete Richard nicht ohne Stolz. »Aber bestimmt sehr schön.«

»Raben sind lieb«, sagte das Vogelkind zu seinen Eltern.

Richard der Rabe nahm sich vor, die Vogelsprache nicht ganz zu vergessen, wenn er wieder Richard das Kind war. Vorläufig hatte er aber andere Sorgen. Er war hungrig wie ein Rabe. Die Gegend hier sah nicht nach Saatfeldern aus.

»Beeren«, sagte jemand neben ihm wie als Antwort auf seine Frage. »Jede Menge Beeren. Ich soll aufpassen, dass du dir nicht ausgerechnet die giftigen aussuchst.«

Richard wandte sich um. »Aufpassen auf mich? Warum? Wer bist du?«

»Man nennt mich Roah die Finderin.«

»Aha«, sagte Richard. »Und was findest du?«

»Alles Mögliche«, erklärte Roah. »Ich finde dauernd was. Das meiste davon kann man essen. Komm!«

Nie hätte Richard in dem Buschwerk ringsum so viele Beerensorten vermutet. Er aß mit Genuss durcheinander Himbeeren, Brombeeren und viele andere, die er nicht kannte. Süße, saure, pelzige und welche mit dicken Kernen drin. Er lernte schnell, die Kerne gekonnt in einem Bogen wieder auszuspucken.

Roah zeigte ihm Beeren, die man auf keinen Fall essen durfte, auch wenn man noch so hungrig war. Und Beeren, die bei Bauchweh halfen, bei Verletzungen, gegen Schmerzen.

»Komisch«, sagte Richard. »Menschen nehmen Tabletten und keine Beeren.«

»Menschen!«, sagte Roah mit einem sonderbaren Ton in der Stimme. »Die Menschen merken sich überflüssige Dinge und vergessen alles Wichtige. Menschen sind dumm.«

»Ich bin aber auch ein Mensch«, gab Richard zu bedenken.

»Für mich bist du ein Rabe. Und wenn du die Beeren da frisst, dann bist du ein toter Rabe.« Roahs Art zu unterrichten war sehr anschaulich.

Richard und Roah waren die Letzten, die vom Beerenessen zurückkamen. Richard plumpste vor Überraschung ein wenig unelegant auf einen Felsvorsprung.

Etwas Seltsames ging hier vor.

Ein Teil des Schwarms hatte einen großen Kreis gebildet. Richard sah, dass Rocco unter ihnen war. Die anderen Raben saßen in Gruppen außerhalb des Kreises und machten feierliche Gesichter.

»Der Rat der Weisen«, flüsterte Roah.

»Aha«, sagte Richard unbekümmert. »Was beraten sie denn, die Oberschlauen?«

»Deine Zukunft«, antwortete Roah.

»Waaaas!«, machte Richard und vergaß vor Schreck, den Schnabel wieder zuzumachen.

Nach einer Weile wurde er in die Mitte des Kreises gerufen.

Rocco begann zu sprechen. »Manche von uns halten Wache. Manche suchen Futterplätze. Andere wieder können den Wind lesen oder kennen den Lauf der Sterne. Was kannst du?«

»Öh.« Richard zuckte mit den Flügeln. Das Einzige, was er ganz gut konnte, war: Geschichten erzählen. Am liebsten selbst erfundene. »Wenn ihr wollt, könnte ich euer Geschichtenerzähler werden«, sagte er.

»Geschichten kann man nicht essen«, rief jemand von außerhalb des Kreises.

»So was hat's bei uns noch nie gegeben!«, rief wer anderer.

»Wir sind immer sehr gut ohne Geschichten ausgekommen«, hörte man eine brummige Stimme.

»Unnütz, unnütz«, krächzte es rundherum.

Rocco breitete beide Flügel aus. Sofort war es vollkommen still. »Wir beraten«, sagte er.

Es sah aus wie »Stille Post«. Rocco sagte etwas zu seinem Nebenraben. Der sagte es weiter. Und der wieder dem nächsten. Jeder der Raben dachte kurz nach, nickte und gab dann die Botschaft weiter, bis sie im Kreis herum war.

»Wir sind alle einer Meinung«, sagte Rocco schließlich. »Erzähl uns eine Probegeschichte. Dann werden wir unsere Entscheidung treffen.«

Richard dachte angestrengt nach. Welche der Geschichten und Märchen, die er kannte, waren für diesen besonderen Anlass geeignet? Die Raben ringsum schauten ihn erwartungsvoll an. Schwarze, ein wenig bedrohliche Flecken in der zunehmenden Dunkelheit. Bald würde die Nacht so schwarz wie die Raben sein. Schwarz wie die Raben ... Richard dachte an das Vogelkind und hatte eine Idee. Er räusperte sich nervös. »Also«, begann er, »die Geschichte heißt: *Als die Raben noch bunt waren.*«

»Bunte Raben gibt's doch nicht!«, rief eine unzufriedene Stimme.

»Lass ihn seine Geschichte erzählen«, mahnte Rocco.

»Pssst«, machte es rundherum.

Und Richard erzählte: »Es gab einmal eine Zeit, da waren die Raben bunt ...«

»Wie bunt?«, unterbrach ihn eine ungläubige Stimme.

»Geradezu kunterbunt«, fuhr Richard unbeirrt fort. »Es gab rosarote Raben, hellgelbe, violette, orangerote. Sogar grüne mit blauen Tupfen. Und türkisfarbene mit violetten Schwanzfedern. Klar, dass sie mächtig stolz waren auf ihre Buntheit.

›Wir stammen in direkter Linie vom Regenbogen ab‹, sagten die ältesten Raben.

Dagegen konnte keiner was sagen. Sah echt super aus, wenn sich so ein Schwarm bunter Raben auf einen Baum setzte. Überhaupt im Winter, wenn die Bäume keine Blätter haben.

Und an so einem grauen Wintertag begannen auch alle Schwierigkeiten. Angeblich war es nämlich ein Schneemann, der die blödeste aller Fragen stellte. Wisst ihr, was er fragte? Nein? Gleich kommt's. Er fragte: ›Welche Farbe ist für euereins eigentlich richtig? Ich meine, wie muss ein wirklicher, echter Rabe ausschauen?‹«

»Schwarz!«, rief einer von Richards Zuhörern.

»Klar doch – schwarz!«, rief ein anderer.

»Schwarz, schwarz!«, riefen alle durcheinander.

»Ja – das sagt ihr, weil ihr schwarz seid«, entgegnete Richard. »Und weil schwarz mittlerweile die

amtlich anerkannte Rabenfarbe ist. Pflichtfarbe sozusagen. Aber der Schneemann damals, der fragte einen Blaugetupften. Was glaubt ihr, hat der Blaugetupfte gesagt? Na – was wohl?«

Stille.

»Blau getupft?«, fragte dann eine zaghafte Stimme aus der Runde.

»Genau!«, bestätigte Richard. »Blau getupft! Da hättet ihr aber die anderen hören müssen.

Den Rosagestreiften zum Beispiel: ›Blau getupft? Ich lach mich kringelig. Ein Rabe hat natürlich Streifen zu haben. Am besten kräftiges Nelkenrosa auf Birkenblattgrün.‹

›Der Urrabe war fliederfarben!‹, schrie ein Violetter dazwischen.

›Mir scheint, Violett macht blöd!‹, grölte ein anderer, ein Honiggelber mit moosgrünem Bauch. ›Schaut einfach mich an, dann wisst ihr, wie ein wirklicher, echter, richtiger Rabe ausschaut.‹

›Ich rede überhaupt nur mehr mit meinesgleichen!‹, krächzte einer und düste ab. Es war der Rosagestreifte. Der flog davon, um andere Rosagestreifte zu finden.

›Er ist zwar ebenso dumm wie rosa‹, meinte ein Gelbgetupfter. ›Aber – wo er Recht hat, hat er

Recht.‹ Und auch er flog los, um andere Gelbgetupfte zu finden.

Der große, bunte Schwarm der Raben zerstreute sich. Man sah nur mehr gleichfarbige Raben miteinander ziehen. Gleichgesinnt waren sie deswegen aber noch lange nicht. Jeder Rabe war ein bisschen anders. Und jeder war fest davon überzeugt, dass seine persönliche Farbe die einzig Richtige war.

›Geh doch zu den Violetten, wenn dir was nicht passt!‹, konnte man so zufällig aus einem rosaroten Rabenschwarm hören.

›Du mit deinen grünen Tupfen sei ganz ruhig!‹, war die Antwort. ›Du kannst froh sein, dass dich die Rosaroten überhaupt genommen haben!‹

Damals entstand die Redensart: ›Die streiten wie die Raben.‹

Es kam noch viel schlimmer. ›Nieder mit Flieder!‹, schrien eines Morgens die Türkisfarbenen. Und griffen einen Schwarm von Violetten, Lila- und Fliederfarbenen an.

›Wir kämpfen für Rosa und Recht!‹, war der Kampfruf der Rosaroten.

›Wir wissen genau, ein Rabe ist blau!‹, behaupteten die Blaufedrigen.

›Wir lassen nicht locker, ein Rabe ist ocker‹, brüllten die Gelblichen in Krächzchören.

Krieg der Farben nannten sie das. Und fanden auch noch, dass es ein ehrenvoller Krieg war.«

Richard machte eine kunstvolle Pause.

»Dann kam der Regen. Es war kein gewöhnlicher Regen. Es tropfte, trommelte, strömte schwarz vom Himmel.

›Hoffentlich schadet das meiner zartrosa Haut nicht‹, sorgte sich das Schwein.

›Mein schönes Rostrot‹, sagte der Eichkater. ›Es wird doch wohl keine schwarzen Flecken kriegen?‹

›Ein Frosch ganz in Schwarz? Ist ja arg, ist ja arg, ist ja arg!‹, jammerte der Laubfrosch.

Nur die Amseln und der Maulwurf blieben gleichgültig. ›Regt euch nicht auf‹, sagten sie. ›Schwarz ist eine sehr kleidsame Farbe.‹

Sie hätten sich alle keine Sorgen machen müssen. So plötzlich wie der schwarze Regen begonnen hatte, hörte er auch wieder auf. Und alle Tiere hatten genau dieselbe Farbe wie vorher. Nein – nicht alle. Es war, als hätte der schwarze Regen nur die streitenden Raben treffen wollen. Es gab keine rosa, lila, grünen, gelben Raben mehr. Keine getupften und keine gestreiften. Sie waren so gleich, dass sie

Mühe hatten, sich selbst von den anderen zu unterscheiden. Sie waren rabenschwarz und sie blieben rabenschwarz.«

»Alle?«, fragte jemand.

»Alle – bis auf einen«, antwortete Richard. »Der war zur Zeit des schwarzen Regens gerade auf Urlaub im Urwald. Aber das ist eine andere Geschichte. Sonst waren alle Raben schwarz. Und wenn sie nicht gestorben sind, dann sind sie es bis heute. Schwarz nämlich«, beendete Richard seine Erzählung.

»Ist das eine wahre Geschichte?«, fragte jemand.

»Klar«, antwortete Richard. »Oder siehst du hier irgendwo einen rosaroten Raben?«

»Rosa Raben!«, kicherte plötzlich jemand.

»Grün getupfte!« Ein anderer Rabe begann, bei dem Gedanken leise in sich hineinzulachen. Plötzlich lachten alle, schlugen mit den Flügeln und krächzten vor Vergnügen.

»Ich verleihe dir hiermit den Namen Richard der Geschichtenerzähler«, sagte Rocco feierlich.

»Geschichten sind fein!«, rief einer aus der Runde. »Ich weiß gar nicht, wie wir bis jetzt ohne ausgekommen sind.«

»Danke, vielen Dank«, sagte Richard. Irgendwie war es schön dazuzugehören.

Auf einer etwas abgelegenen kleinen Fichte saßen zwei Eulen. »Was ist denn bloß mit den Raben los?«, schnarrte die eine. »Das sind doch sonst immer so ordentliche Mieter.«

»Äußerst ungebührliches Betragen«, stimmte die andere zu und machte ein noch strengeres Gesicht als sonst.

»Gratuliere!« Roah die Finderin landete auf dem Felsen neben Richard. »Ich finde …«

»Was findest du denn – jetzt, mitten in der Nacht?«, fragte Richard vorlaut.

»Ich finde deinen Namen wunderschön«, sagte Roah.

Die Nacht der Vogelmenschen

Es waren gewöhnlich die Dämmerstunden, in denen Richard seine Geschichten erzählte. Manchmal Märchen, die er ein bisschen veränderte. Oft Geschichten, die ihm so zufällig beim Fliegen einfielen. Oder Ereignisse aus dem Rabenalltag, in denen sich die Beteiligten wieder erkannten.

Die Raben waren ein dankbares Publikum. Bei lustigen Geschichten lachten sie oft so sehr, dass sie fast von ihren Ästen kippten. Bei traurigen bekamen sie feuchte Augen und schluckten. Bei spannenden krächzten sie vor Aufregung.

An diesem Abend beschloss Richard, eine UFO-Geschichte zu erzählen. Auch wenn es angeblich keine UFOs gab – es war spannend, an sie zu glauben. *Raumschiff Enterprise* war eine seiner liebsten Sendungen im Fernsehen gewesen. Ja – richtig – das Fernsehen! Es fehlte ihm nicht im Mindesten!

»Bevor ich mit der eigentlichen Geschichte beginne«, sagte Richard, »will ich euch erklären, was ein UFO ist. UFO – das heißt: unbekanntes Flugobjekt. Viele Menschen haben schon so ein UFO gesehen, aber man glaubt es ihnen nicht. Nach allen Berichten – und ich hab eine Menge UFO-Bücher gelesen, das könnt ihr mir glauben – ist so ein UFO eine riesige, runde, leuchtende Scheibe. Es kann viel schneller fliegen als ein Vogel. Auch viel schneller als die Flugzeuge, die ihr ja alle kennt. Es ändert blitzschnell die Richtung. Und kein Mensch, ich meine, kein Rabe weiß, wie es angetrieben wird. Die Leute, die es steuern, kommen von einem anderen Stern. Von irgendwo da oben.« Richard deutete mit dem Schnabel zum Himmel hinauf, wo gerade die ersten Sterne zu sehen waren. »Wahrscheinlich sind es kleine grüne Männchen.« Eigentlich hatte er Überraschung bei seinen Zuhörern erwartet. Ungläubige Zwischenrufe. Oder Gelächter.

Aber was er von den anderen hörte, überraschte ihn selbst am meisten. »Es sind keine kleinen grünen Männchen«, sagte einer der Raben ganz ruhig.

»Du meinst das Fahrzeug der Wissenden«, sagte ein anderer.

»Das was?«, fragte Richard fassungslos.

»Wir haben schon öfter ein UFO gesehen, wie du es nennst«, bestätigte ein anderer Rabe. »Manchmal landet es in der Nähe von unserem Rastplatz in den Bergen. Die aus der Flugscheibe steigen, nennen wir die Wissenden. Wenn wir Fragen haben, antworten sie. Und sie warnen uns vor Gefahren.«

»Die Wissenden«, sagte Richard fassungslos. »Aber warum machen sie so ein Geheimnis draus? Warum reden sie mit euch, aber kaum jemals mit einem Menschen?«, fragte Richard.

»Sie sagen, die Menschen hier auf der Erde sind noch nicht bereit für dieses Wissen«, erklärte Rocco.

»Was ich immer sage: Menschen sind dumm.« Aus Roahs Stimme klang Genugtuung.

»Ich kann's einfach nicht glauben!« Richard war ganz aufgeregt. »Ihr habt ein richtiges UFO gesehen. Zu schade, dass ich damals noch nicht bei euch war!«

»Du wirst das nächste Mal dabei sein«, sagte der Rabe, der den Weg der Sterne kannte. Er betrachtete nachdenklich den rasch dunkler werdenden Himmel. »Die Nacht der Begegnung ist nicht mehr weit.«

»Du meinst – ich werde es auch sehen? Glaubst du wirklich?«, fragte Richard.

»Warum denn nicht?«, meinte einer der Raben. »Aber jetzt die Geschichte!«

»Also gut«, begann Richard. »Meine Geschichte heißt: *Der Superrabe*. Es war einmal ein Rabe, der war ein bisschen kleiner als die anderen Raben. Auch war eins seiner Beine nach einer Krankheit ein wenig kürzer geblieben. Das heißt: Er hinkte. Natürlich nicht beim Fliegen, nur beim Gehen – aber trotzdem. Keiner im Schwarm nahm ihn ganz für voll. Noch dazu hatte er keine besondere Begabung. Er konnte nicht in die Zukunft schauen, war kein Kräuterkundiger, kein Beerensucher. Nicht einmal Geschichten erzählen konnte er. Und wenn man ihn als Wachrabe einsetzte, schlief er meistens ein. Weil er mit dem Wachbleiben Schwierigkeiten hatte. Reinhard der Unnütze wurde er genannt. Und nur manchmal für unwichtige Gelegenheitsarbeiten eingesetzt.

Eines Tages wollte er sich nützlich machen. Es ist ja nicht angenehm, unnütz zu sein. Er flog los, um festzustellen, ob in der Umgebung des Lagerplatzes Beeren zu finden waren. Schon nach kürzester Zeit hatte er sich hoffnungslos verirrt. Also setzte er sich auf einen Ast am Rand einer Lichtung und dachte heftig nach. Während er so nachdachte, hörte er plötzlich ein sonderbares Geräusch. Er wunderte sich. Noch bevor er sich fertig gewundert hatte, landete direkt vor ihm auf der Lichtung eine riesige leuchtende Scheibe. Reinhard, der noch nie ein UFO gesehen hatte, saß da und staunte. Plötzlich löste sich von dem UFO ein Strahl, der sich wie ein suchender Lichtfinger durch die Dämmerung tastete.

Zu seinem Schrecken bemerkte Reinhard, dass der Lichtstrahl genau auf ihn zukam. Er wollte ausweichen, aber schon im nächsten Augenblick berührte ihn der Lichtstrahl genau zwischen den Augen.

Dann zog sich der Strahl blitzschnell wieder in das UFO zurück. Die große leuchtende Scheibe drehte sich, hob ab und war im nächsten Augenblick verschwunden.

Reinhard der Unnütze blieb ziemlich verwirrt zurück. Dann fiel ihm ein, dass er sich verirrt hatte und die einbrechende Dunkelheit die Sache nicht gerade besser machte. Da spürte er an der Stelle zwischen den Augen eine angenehme Wärme. Er wusste plötzlich genau, in welche Richtung er fliegen musste. Ohne Zögern fand er zurück zu seinem Schwarm. Er hielt das ganz einfach für Zufall. Auch ein unbegabter Rabe findet manchmal nach Hause. Und fast hatte er die Sache mit dem UFO schon wieder vergessen, als eines Tages etwas Ungewöhnliches geschah. Der Schwarm der Raben war schon beim Frühstück auf einem Saatfeld. Er selbst hatte wieder einmal verschlafen und war eben dabei, ihnen zu folgen. Da sah er am Rand des Saatfelds, von Bäumen für die anderen verborgen, einen Menschen. Er hielt ein Gewehr im Anschlag und zielte auf einen aus dem Schwarm. Reinhard sah, wie sich der Finger des Menschen am Abzug krümmte. Es war keine Zeit mehr, die Freunde zu warnen. Und wieder spürte er diese Wärme zwischen den Augen. Und noch etwas spürte er: Dass er frei war von Angst. Er stürzte sich auf den Menschen und hackte mit dem Schnabel auf ihn ein. Der Mensch ließ schreiend das Gewehr fallen, fuchtelte mit den Armen und rannte davon. Die anderen begriffen sofort die Gefahr, die ihnen gedroht hatte. Und dass der kleine, hinkende Rabe sie gerettet hatte. ›Du bist ja ein richtiger Superrabe‹, sagten sie. Sie meinten es scherzhaft. Es sollte sich bald zeigen, dass es durchaus kein Scherz war. Aber das ist eine andere Geschichte«, schloss Richard seine Erzählung.

Eigentlich war Richard mittlerweile ein ganz brauchbarer Rabe geworden. Er wurde nicht mehr so schnell müde vom Fliegen. Er kannte alle essbaren Beeren und wusste, wo sie zu finden waren. Und für Vogelscheuchen war er im Schwarm ein anerkannter Fachvogel. Ralf und Rudi beachteten ihn kaum noch.

Oft saß Richard hoch oben in einem Wohnbaum und schaute nach Wolken aus. Dann sah er das

Haus, in dem er gewohnt hatte. Er sah seine Mutter, wie sie im Garten Salat pflanzte oder auf ihrer Schreibmaschine schrieb. Und seinen Vater, wenn er abends nach Hause kam. Er sah auch Randolf, der genau wie das Kind Richard aussah. Klein, blond, mit ein paar Sommersprossen auf der Nase. Irgendwann, dachte er dann, irgendwann flieg ich wieder zurück nach Hause. Später einmal.

Der Schwarm der Raben flog über Städte, Dörfer und Wälder. Der nächste Rastplatz, den sie ansteuerten, würde hoch oben in den Bergen sein.

Richard war gern im Gebirge. Es war schön, den Gemsen und Murmeltieren so nahe zu sein, ohne dass sie Angst bekamen. Die Nächte waren kalt, aber dafür war die Luft viel klarer als unten, wo die Menschen wohnten. Richard merkte, dass er immer öfter dachte »die Menschen« – so als gehörte er schon nicht mehr zu ihnen.

Sie erreichten den Rastplatz in der Dämmerung. Es war eine Hochebene, die sich weit ausdehnte zwischen schroffen Felsen und Bergspitzen. Nichts wuchs hier. Keine Büsche. Kein Gras. Keine Blumen. Felsblöcke, Steine und Geröll bildeten eine sonderbare fremde und leblose Landschaft. Ein blasser

Mond ging auf. In seinem Licht begannen die Steine hell zu schimmern. Dazwischen tiefschwarze bizarre Schatten. Richard spürte, dass dies keine Nacht zum Geschichtenerzählen war. Keiner der Raben sprach, keiner schlief. Es war vollkommen still. Eine eigenartige erwartungsvolle Stille. Richard schaute zum Sternenhimmel. Ein Stern da oben ist dasselbe wie ein Stein da unten, dachte er. Gleichzeitig wunderte er sich, was er als Rabe auf einmal für sonderbare Gedanken hatte.

Stumm wartend saß der Schwarm der Raben am Rande der Hochebene. Plötzlich hörte Richard ein Geräusch. Es war ein hohes durchdringendes Pfeifen. Dann sah er das Licht. Es wurde rasch größer, leuchtete plötzlich weiß und dann bläulich. Das Pfeifen wurde tiefer. Ein riesiges rundes Ding, das irgendwie von innen heraus leuchtete, stand einige Zeit wie abwartend über dem Boden. Geräuschlos setzte es schließlich auf. Richard zwickte sich mit dem Schnabel in den linken Fuß. Er machte die Augen fest zu und dann wieder auf. Nein, er träumte nicht. Es war auch nicht seine lebhafte Phantasie, die ihm da einen Streich spielte. Da vor ihm war soeben ein Raumschiff gelandet. Außer Richard schien sich keiner der Raben darüber zu wundern.

»Ich hab es gewusst«, sagte der sternenkundige Rabe zufrieden. »Es ist die Nacht der Wissenden.«

Wieder verging einige Zeit. Plötzlich zeigte sich an der Unterseite des schwach leuchtenden Raumschiffs eine dunkle Öffnung. Und dann standen da drei Gestalten. Richard konnte nur Umrisse erkennen. Langsam kamen die drei näher.

»Das gibt's ja nicht!«, japste er, als er sie im fahlen Mondlicht deutlicher sehen konnte. Sie waren so groß wie erwachsene Menschen. Auch hatten sie zwei Arme und zwei Beine. Aber der Kopf war der eines großen Vogels. Braun geflecktes Gefieder, runde durchdringende Augen und ein scharfer gebogener Schnabel. Sie trugen lange, helle Gewänder. Keine Astronautenhelme, keine Laserpistolen.

Einer der drei begann in einer Sprache zu reden, die Richard nicht kannte, aber trotzdem verstand. »Als Freunde kommen wir und Freunde finden wir.« Alle drei legten die Handflächen aufeinander und verneigten sich.

»Wir begrüßen die Wissenden«, sagte Rocco als Sprecher des Schwarms. »Habt ihr Nachricht für uns?«

»Leider nichts Gutes«, sagte einer der Vogelmenschen. »Die Menschen ...«

»Na bitte«, flüsterte Roah. »Schon wieder die Menschen.«

»Die Menschen haben eine neue Gefahr auf die Erde gebracht«, fuhr der Vogelmensch fort. »Wir wollen euch warnen. Nehmt nicht den gewohnten Weg. Es liegt eine Wolke von Gift in der Luft. Man kann es nicht sehen, nicht hören, nicht spüren. Und doch tötet es.«

»Na bitte«, wiederholte Roah. »Ich sag's ja immer: Menschen sind dumm. Hat jemals ein Rabe, ein Hase oder ein Känguru die Luft vergiftet?«

»Pssst«, machte Richard. Es war alles wie im Kino. Nur noch spannender. Und ganz wirklich.

»Die Menschen finden immer wieder kleine Stücke großer Geheimnisse«, sagte der Vogelmensch. »Das nennen sie erfinden. Aber ihr Wissen ist zu klein für große Geheimnisse. Und was man erfindet, ohne es zu verstehen, wird zur Gefahr.«

»Und ihr?«, fragte Rocco. »Ihr könntet sie doch überzeugen.«

»Sie würden uns entweder für Götter halten und anbeten«, antwortete der Vogelmensch, »oder für

Feinde und uns bekämpfen. Unsere Botschaft würden sie nicht hören.«

»Siehst du, Menschen sind dumm«, krächzte Roah leise.

Aber Richard war mit einer wichtigen Frage beschäftigt. »Und wenn man ...« Er unterbrach sich, weil er vor seiner eigenen Stimme erschrak, die so seltsam laut durch die nächtliche Stille krächzte. »Äh ... wenn man, ich meine, wenn einer von uns Raben, es könnte ja sein ... Also wenn einer von uns mal ein Mensch wird, was kann er tun?«

»Begreifen, was wirklich wichtig ist«, antwortete der Vogelmensch.

»Aber wenn einer begreift, hilft das gar nichts«, widersprach Richard. »Ich kann doch nicht, ich meine, einer allein kann doch nicht die ganze Welt wieder in Ordnung bringen.«

»Wer sind die Menschen?«, fragte der Vogelmensch. »Sie sind einer und einer und noch einer. Wer sich selbst ändert, ändert die Welt.«

Lange unruhige Lichtfinger tasteten plötzlich durch die Dunkelheit. Gleichzeitig mit einem lauten unangenehmen Knattern. Richard blinzelte zum Himmel. Das war ein Hubschrauber! Einer der Vogelmenschen hob die Hand. Ein dünner Lichtstrahl

zog sich von seinen Fingerspitzen bis zu dem knatternden Gefährt in der Luft. Auf einmal konnte man die Stimme des Piloten hören.

»Hummel sieben ruft Tower. Hummel sieben ruft Tower. Bitte kommen.«

»Tower an Hummel sieben«, kam die Antwort. »Was gibt's denn?«

»Machen soeben ungewöhnliche Beobachtung. Melden uns gleich wieder. Over«, hörte man die aufgeregte Stimme des Piloten.

Nach einer Weile sagte eine zweite Stimme, die aus dem Hubschrauber kam: »Siehst du auch, was ich seh?«

»Ja, aber bevor ich mich so wundere, glaub ich's lieber nicht«, antwortete der Pilot.

»Also, ich seh ein Ding, das eindeutig nach so einem UFO ausschaut. Außerdem drei Typen mit Vogelköpfen. Und rundherum jede Menge Raben.«

»Wenn wir das melden, haben wir die längste Zeit einen Hubschrauber geflogen«, sagte der Pilot. »Ich kenn einen Kollegen, der hat so eine Meldung gemacht. Jetzt erledigt er Papierkram in der Schreibstube. Und muss einmal jährlich zur Kontrolle zum Nervenarzt.«

»Also, was sagen wir?«, fragte der Zweite. »Die warten auf unsere Meldung.«

»Hummel sieben ruft Tower«, sagte der Pilot wieder in dienstlichem Ton.

»Hier Tower, Hummel sieben«, kam die Antwort. »Was gibt's denn so Ungewöhnliches bei euch da oben?«

»War falscher Alarm«, antwortete der Pilot. »Wir fliegen jetzt zurück. Over.«

Der Hubschrauber wendete und flog durch die

Dunkelheit davon. Das Knattern wurde schnell leiser und hörte schließlich ganz auf. Es war wieder eine stille, friedliche Nacht im Gebirge. Nur das UFO auf seinem Landeplatz leuchtete manchmal schwach auf, wie um zu melden, dass es einsatzbereit war.

»Wir müssen zurück«, sagte einer der Vogelmenschen.

»Zu eurem Planeten?«, fragte Richard eifrig. Er wollte so viele Informationen sammeln wie möglich. Schließlich brauchte er Material für seine Geschichten.

Der Vogelmensch schüttelte den Kopf. »Wir sind nicht von einem anderen Planeten, sondern aus einer fernen Zeit.« Er deutete auf das UFO. »Es ist ein Zeitschiff, kein Raumschiff.«

»Ich glaube, das versteh ich nicht«, seufzte Richard.

»Zeit vergeht nicht, so wie die Menschen sagen«, erklärte der Vogelmensch. »Sie ist immer da. Nicht die Zeit bewegt sich. Wir bewegen uns in der Zeit.«

»Mach den Schnabel zu, es zieht«, flüsterte Roah. »Verstehst du jetzt, warum wir sie die Wissenden nennen?«

Die drei Vogelmenschen verbeugten sich vor den

Raben und gingen zurück zu ihrem Fahrzeug. Das UFO leuchtete jetzt hell auf, es war wieder der sonderbare Pfeifton zu hören. Dann hob es ab und war auch schon verschwunden. Schneller als eine Sternschnuppe in der Nacht.

Die Sache mit Rocco

Am nächsten Morgen zogen sie weiter. In eine andere Richtung, als eigentlich geplant war. Rocco nahm die Warnung der Vogelmenschen sehr ernst.

Richard überlegte, was es für Richard das Kind bedeutete, wenn Richard der Rabe von einer Giftwolke getötet wurde. Er fand keine Antwort auf die Frage und hörte auf, darüber nachzugrübeln.

Ein ungewohnter Flugweg, das hieß: Man musste in unbekanntem Gebiet neue Futterplätze finden. Immer war es Rocco, der sie zuerst auf mögliche Gefahren überprüfte, bevor sich der Schwarm zum Essen niederließ.

An diesem Tag stand die Sonne schon ziemlich hoch, als die Vorraben ein Saatfeld meldeten. Erwartungsvoll nahm der Schwarm auf einem Baum Platz. Rocco flog auf das Feld und schaute sich misstrauisch um. Dann begann er zwischen den schweren, feuchten Erdschollen zu picken. »Alles bestens«, rief er und flog auf ein Gebüsch am Rand des Ackers. Im nächsten Augenblick ertönte ein furchtbarer Knall. Alle sahen sie Rocco vom Ast kippen.

Es ist doch hoffentlich nur wieder einer seiner Flugtricks, dachte Richard. Wie alle anderen Raben hatte er im dichten Geäst des Waldes Schutz gesucht. Da saßen sie und warteten auf Rocco.

Aber Rocco kam nicht.

»Man muss ihm helfen«, rief Richard.

»Niemand kann ihm helfen«, sagte Roah niedergeschlagen. »Ich kenn das genau. So klingt es, wenn Menschen auf uns schießen. Wahrscheinlich ist Rocco schon tot.«

Ohne noch ein Wort zu verlieren, flog Richard los. Er achtete sorgfältig darauf, hinter Ästen und Gebüsch in Deckung zu bleiben. Schließlich landete er auf einem Strauch am Rande des Feldes. Unten auf dem Boden hockte Rocco.

»Bist du tot?«, rief Richard.

»So gut wie«, sagte Rocco. »Ich bin verletzt und dort kommt der Mensch mit dem Ding, das tötet.«

Tatsächlich. Ein Mann stapfte über das Saatfeld genau in ihre Richtung. Sein Blick suchte den Boden ab. Über seiner Schulter hing das Gewehr. Richard entdeckte eine kleine Mulde direkt bei den Wurzeln des Strauchs. Laub und kleinere Äste lagen am Boden.

»Kannst du bis zu der kleinen Mulde gehen?«, fragte Richard aufgeregt. Rocco begriff sofort. Er hüpfte in die kleine Bodenvertiefung. Richard begann hastig, mit dem Schnabel Äste und Laub über Rocco anzuhäufen, bis keine einzige schwarze Feder mehr zu sehen war. Der Mann war schon ganz nah. Er brummte irgendwas Zorniges vor sich hin. Gerade noch rechtzeitig zog sich Richard ins dunkle Geäst einer alten Fichte zurück.

»Ich hab ihn doch getroffen«, murmelte der Mann. Er bückte sich ab und zu und stieß immer wieder mit den Füßen Äste zur Seite. Richard spürte sein Herz so laut dröhnen, dass er Angst hatte, der Mann würde es hören und auf ihn schießen. Aber der Mann schaute nicht einmal in seine Richtung. Der Boden unter dem Busch interessierte ihn. Er ging mehrmals ganz nahe an Roccos Versteck vorbei. Schließlich verschwand er im Unterholz. Die ganze Zeit schimpfte er zornig vor sich hin.

»Rabenviecher«, war noch das Netteste, was er sagte.

Richard wartete eine Weile, ob der Mann vielleicht zurückkam. Dann zog und zerrte er Äste und Blätter wieder weg, bis Rocco zum Vorschein kam. Als Richard die trüben Augen Roccos sah, wusste er, dass es noch lange keinen Grund zur Freude gab.

»Hol mir die Ältesten«, sagte Rocco zu Richard. »Ich werde die Nacht nicht überleben.«

»Aber warum denn?«, rief Richard. »Der Mensch mit dem Gewehr ist weg. Wir bringen dir Futter, bis du wieder gesund bist.«

Rocco schüttelte den Kopf. »Ich kann nicht fliegen. Und sobald die Nacht kommt, kommen die Füchse. Oder die Marder. Oder andere. Ein Rabe, der nicht fliegen kann, ist ein toter Rabe. Hol mir die Ältesten. Ich will den Schwarm nicht ohne Führung lassen.«

Richard saß da und dachte nach. Er war nicht stärker als alle anderen Raben und nicht größer. Er wusste nicht mehr Dinge als sie, aber – andere. Zum Beispiel: Es gab nicht nur Menschen, die Tiere töteten. Es gab auch welche ... Richard hüpfte vor Aufregung von einem Bein aufs andere. Ja, das war eine Möglichkeit. Nicht einfach, aber man musste es versuchen. Alles war besser, als Rocco einfach den Füchsen zu überlassen.

»Es gibt Menschen, die Tieren helfen, wieder gesund zu werden«, erklärte Richard.

»Das kann ich mir nicht vorstellen«, sagte Rocco zweifelnd. Er atmete schwer.

»Es ist aber so«, beharrte Richard. »Man nennt sie Tierärzte. Wir sind erst vor kurzem über eine Stadt geflogen. Da muss es einen Tierarzt geben. Wenn er Katzen, Hunden, Meerschweinchen und Wellensittichen helfen kann, dann bestimmt auch dir.«

»Und wie willst du mit diesem Tierarzt reden?«, fragte Rocco. »Hast du vergessen, du sprichst die Sprache der Menschen nicht mehr.«

»Aber ich kann sie verstehen«, antwortete Richard. »Mir fällt schon was ein.«

»Schick mir trotzdem die Ältesten«, sagte Rocco und machte die Augen zu. Er schien starke Schmerzen zu haben.

Richard brachte dem Schwarm die Nachricht. Die sieben Ältesten flogen zu Rocco. Richard aber machte sich sofort auf den Weg. Zurück zu der Stadt, über die sie vor ganz kurzer Zeit geflogen waren – mit Rocco an der Spitze. Richard wusste, es war ein Wettflug mit der Zeit. Rocco musste vor Einbruch der Dunkelheit Hilfe bekommen.

Noch nie in seinem Rabenleben war Richard so schnell geflogen. Als die ersten Häuser der Stadt auftauchten, landete er auf einem Schornstein. Er wollte nachdenken. Wie fand man als Rabe in einer unbekannten Stadt einen Tierarzt? Er drehte einige Runden und suchte nach Hinweisen. Eine Weile folgte er einem Dackel mit verbundener Pfote. Aber der Dackel und der Mann, der ihn an der Leine führte, verschwanden in einem Kaffeehaus. Dann begann Richard, auffallende Schilder neben den Türen zu lesen. Er fand drei Rechtsanwälte, zwei Zahnärzte, einen Hellseher, einen Notar und einen Kinderarzt. Entmutigt rastete er auf einer Dachrinne.

»Grüßgrüßgrüß dich«, sagte jemand neben ihm. »Na du schaust vielleicht trütrütrübsinnig.«

Neben Richard war eine Taube gelandet.

Als Antwort seufzte Richard nur. Er musste nachdenken. Und zwar in Ruhe, ohne von einer geschwätzigen Taube gestört zu werden.

»Grügrügrübelst du über etwas Bestimmtes nach?«, fragte die Taube. »Vielleicht kann ich dir etwas drüdrüdrüber sagen. Ich kenne jeden hier in der Stadt.«

»Jeden hier in der Stadt?« Richard schaute auf. »Auch einen Tierarzt?«

»Früfrüfrüher war gleich einer hier in der Straße. Aber jetzt ... mal grügrügrübeln.« Die Taube ging mit ruckartigen kleinen Schritten auf und ab.

Grüble schneller!, dachte Richard ungeduldig.

»Ich hab's«, sagte die Taube und flog voran.

Sie flogen über eine verwirrende Landschaft von Dächern, Schornsteinen und Fernsehantennen.

»Da drüdrüdrüben«, rief die Taube und landete auf einem Mauervorsprung. Richard dicht neben ihr.

Die Taube deutete mit einer Bewegung ihres Kopfes auf einen Hauseingang.

»Du hast mir sehr geholfen«, sagte Richard. »Rocco und seine Raben sind tief in deiner Schuld.«

»Ich bin berürürühmt für meine Ortskenntnisse«, antwortete die Taube sehr zufrieden.

Richard flog zu dem Haus, das die Taube ihm gezeigt hatte.

stand da auf einem Messingschild neben der Haustür.

»Raina Radkov«, wiederholte Richard laut. Zweimal »Ra« am Anfang. Das gilt in Rabenkreisen als gutes Zeichen. Neben dem Schild war eine Glocke mit der Aufschrift: »Bitte läuten«. Leicht gesagt, dachte Richard. Aber es ging dann doch ganz gut. Er flatterte hoch und hackte mit dem Schnabel gegen den Klingelknopf. Nach einigen vergeblichen Versuchen hörte er deutlich einen Summton. Die Tür öffnete sich automatisch.

Von dem Vorraum aus konnte Richard ins Wartezimmer sehen. Da saßen zwei Menschen mit Katzenkörben. Ein fiepender Hund mit Falten im Gesicht zog aufgeregt an seiner Leine. Ein Mädchen redete beruhigend auf einen Pappkarton mit Löchern ein. In dem Pappkarton rumorte es heftig.

Richard trat näher und grüßte höflich. Es war ihm klar, dass es für die Menschen nur wie »krok krok« klang.

Immerhin kam daraufhin eine ältliche Frau aus dem angrenzenden Raum. Sie starrte Richard an, der gerade ins Wartezimmer spazierte.

»Frau Doktor!«, rief sie laut und schrill. »Kommen Sie schnell, da ist ein Rabe!«

»Ja und?« Richard hörte eine andere weibliche Stimme, die angenehmer klang. »Sagen Sie den Leuten mit dem Raben, ich komme sofort.«

»Es sind keine Leute da«, rief die Frau. »Der Rabe ist ganz allein gekommen.«

»Er ist einfach so hereingekommen«, sagte das kleine Mädchen. »Ich glaube, er hat auch selbst geläutet. Vielleicht ist er ein verzauberter Rabe.«

Die Tierärztin lächelte. »Bist du ein verzauberter Rabe?«, fragte sie Richard.

Der Einfachheit halber nickte Richard.

»Er hat ja gesagt!«, rief das kleine Mädchen.

Richard fand das kleine Mädchen nett. Aber er hatte keine Zeit für lange Unterhaltungen. Er drehte sich um und ging zur Tür. Begreif bitte schnell, dachte er. Wir haben nicht mehr viel Zeit.

»Du willst wieder hinaus? Bitte sehr!« Die Ärztin öffnete Richard die Tür und blieb abwartend stehen.

In der Straße waren Autos geparkt. Eines davon direkt vor dem Eingang. Richard flog auf die Kühlerhaube und klopfte mit dem Schnabel energisch gegen die Windschutzscheibe.

»Willst du etwa Auto fahren?«, fragte die Tierärztin. »Aber das ist nicht mein Auto. Meins ist das weiße dort drüben.«

Kann ja kein Rabe wissen, dachte Richard. Er flog hinüber auf das Dach des weißen Autos.

»Du meine Güte«, sagte die Tierärztin halblaut. »Er versteht mich tatsächlich.«

Jajaja, dachte Richard ungeduldig. Jetzt komm schon. Wunder dich später.

»Willst du, dass ich mit dem Auto fahre?«, fragte die Tierärztin unsicher.

Richard nickte heftig. Was denn sonst, dachte er ungeduldig. Menschen haben ja schließlich keine Flügel.

»Ich glaub's einfach nicht«, murmelte die Tierärztin. Aber sie drehte sich um, verschwand im Vorraum und kam mit Autoschlüsseln in der Hand wieder zurück.

Hinter ihr die Frau namens Rudolfine. »Aber Frau Doktor!«, rief sie entsetzt. »Was soll ich denn den Leuten im Wartezimmer sagen?«

Fast war Richard versucht zu lachen, als er das Gesicht sah, mit dem sie der Ärztin nachschaute.

Richard flog nicht allzu hoch, ein wenig abseits der Straße. Ab und zu drehte er den Kopf, um zu sehen, ob ihm das weiße Auto noch folgte. Oder er setzte sich auf eine Laterne und wartete, bis eine rote Ampel wieder grün wurde.

Es kam Richard endlos vor, bis sie den Stadtrand erreichten. Auf der Landstraße war dann kaum Verkehr und sie kamen wesentlich schneller weiter. Trotzdem stand die Sonne schon bedenklich tief, als Richard endlich das Saatfeld sichtete. Er schlug ein paar Mal schnell mit den Flügeln und landete auf einem Kilometerstein an der Straße. Neben Richard hielt das weiße Auto. Die Tierärztin stieg aus. »Und jetzt?«, fragte sie.

Richard flog ein Stück in die Richtung, wo er Rocco verlassen hatte. Die Tierärztin nahm ihre Tasche aus dem Auto und folgte ihm.

»Wahrscheinlich bin ich verrückt«, hörte Richard sie murmeln.

Es dämmerte. Und dann waren sie bei dem Busch am Rande des Saatfeldes. Sieben Raben flatterten auf und verschwanden in der Dunkelheit des angrenzenden Waldes.

Rocco saß noch immer in seiner Mulde. Er betrachtete die Tierärztin mit sichtlichem Misstrauen. »Warum sollte mich ein Mensch töten und ein anderer retten wollen?«, fragte er.

Richard zuckte ein wenig hilflos mit den Flügeln. Er begriff ja selbst so vieles nicht.

Die Tierärztin kniete neben Rocco nieder. Sie

streckte die Hand nach ihm aus und zog sie schnell wieder zurück. »Lässt er sich anfassen?«, fragte sie Richard. Roccos Schnabel war eine nicht ganz ungefährliche Waffe.

»Schon gut«, sagte Rocco. »Ich hab nichts zu verlieren.«

Richard nickte der Tierärztin zu. Sie hob Rocco vorsichtig mit beiden Händen hoch. Ein Flügel hing kraftlos herunter.

»Ich muss ihn mitnehmen«, sagte sie zu Richard. »Hier kann ich nichts für ihn tun. Aber ich glaube, er kommt in Ordnung. Weißt du, wie viel sieben Tage sind?«

Richard nickte ein wenig ärgerlich. Sie redete mit ihm wie mit einem Idioten.

»Gut. Dein Freund muss sieben Tage bei mir bleiben. Ich hoffe, dann wird er wieder fliegen können.«

Richard übersetzte das Ganze für Rocco. Der schüttelte nur den Kopf. »Seit Rabengedenken sind die Menschen gegen uns. Wir bringen Unglück, behaupten sie. Und töten uns, wo sie nur können. Ich denke, ich warte lieber den Fuchs ab.«

O nein, dachte Richard. Jetzt darf das Ganze nicht noch an Roccos Widerstand scheitern! »Gib mir die Chance«, sagte er drängend.

»Die Chance?«, antwortete Rocco. »Ist dir denn klar, in welcher Gefahr du selbst bist? Wenn mir etwas passiert, dann wird sich der Schwarm gegen dich wenden.«

Richard nickte. »Das ist schon o. k. – lass es uns versuchen.«

»Gut«, sagte Rocco. »Ich bin bereit.«

Wieder nickte Richard der Ärztin zu. Sie trug Rocco sehr vorsichtig zu ihrem Auto. Richard setzte sich auf den Kilometerstein und schaute zu, wie sie Rocco in einem Korb verstaute. Wie das Auto wendete und die Hecklichter in der Dunkelheit verschwanden.

Lange noch saß Richard auf dem Stein. Erst als die Nacht so schwarz war wie er selbst, nahm er Kurs auf den Schlafbaum.

Im Näherfliegen hörte er aufgeregt durcheinander krächzende Rabenstimmen.

»Ein Verräter ist er«, konnte Richard verstehen. »Ein Fall für das außerordentliche Gericht. Wir sind mehrheitlich dafür...«

»Verrat wird nach unserem Gesetz...«

Das Stimmengewirr verstummte, als Richard auf einem Ast der großen Fichte landete. Er hätte schon besonders dickfedrig sein müssen, um nicht zu bemerken, dass der Rabe, der ihm am nächsten saß, ein Stück wegrückte.

Na gut, dachte Richard, dann eben nicht. Schon als Mensch hatte er es nicht vertragen können, wenn man ihm Unrecht tat. Und als Rabe ging es ihm genauso. Beleidigt suchte er sich einen entlegenen Ast. Erschöpft wie er war, schlief er auch sofort ein.

Er wachte davon auf, dass jemand ihn ziemlich energisch schubste.

Richard sah sich schlaftrunken um. Es war noch völlig dunkel. »Wer ist denn da geistig weggetreten und weckt mich mitten …«

»Psssst«, machte es neben ihm. »Beim heiligen Hugin – sei leise!«

Neben Richard saß Roah. Ihr Gefieder war gesträubt. Sie wirkte verstört. Seltsamerweise saßen hinter ihr Ralf und Rudi.

»Was ist denn los?«, fragte Richard. »Was machen denn die zwei da?«

»Keine Sorge, die sind auf deiner Seite«, flüsterte Roah. »Der Rat der Ältesten hat das Rabengericht einberufen.«

»Ja – und?« Richard konnte kaum mehr die Augen offen halten.

»Sie haben dich verurteilt«, sagte Roah sehr leise.

»Offenbar zu einem extra Wachdienst«, gähnte Richard.

»Nein«, sagte Roah. »Zum Tod.«

»Öh«, machte Richard. Er war jetzt hellwach. »Das ist doch wohl nicht dein Ernst?«

»Es ist mehr als ernst«, flüsterte Roah. »Sie sagen, du hast Rocco den Menschen ausgeliefert. Darauf steht nach den Gesetzen des Schwarms die Todesstrafe. Das Urteil soll im Morgengrauen vollstreckt werden. Du musst weg. So schnell wie möglich.«

»Und warum lassen mich die beiden weg?« Richard zeigte auf die beiden Sicherheitsraben.

»Wenn Rocco dir vertraut hat …«, sagte Ralf.

»… dann vertrauen wir dir auch«, sagte Rudi.

»Los jetzt, flieg!«, drängte Roah. »Komm mit Rocco wieder – oder nie mehr.« Ihre Augen schimmerten feucht. Aber das war bestimmt nur das Mondlicht.

Richard beschloss, die nächsten sieben Tage in der Stadt zu verbringen. Da war er Rocco nahe. Außerdem war in einer Stadt für einen Einzelnen immer etwas zu essen zu finden. Vor allem, wenn man die Gewohnheiten der Menschen kannte.

In einem Park fand er eine freie Kastanie, auf der er sich häuslich einrichtete. Einen der Äste erklärte er zu seinem Notizast. Er würde für jeden Sonnenaufgang eine kleine Kerbe machen. Damit er auch wirklich genau am siebten Tag zur Stelle war. Und wenn Rocco doch …? Richard schob den Gedanken schnell weg. Rocco wird wieder gesund. Und das ist so.

Zum ersten Mal seit seiner Verwandlung war Richard wieder unter Menschen. Es war ganz unterhaltsam, sie zu beobachten. Vor allem aber sorgten sie unbeabsichtigt für reichlich Futter.

Es war Richards zweiter Morgen in der Stadt. Richard wachte auf, riss den Schnabel zu einem gewaltigen Gähnen auf und schaute sich im Park um. Niemand zu sehen, von dem ein Frühstück zu erwarten war. Auch gut, dachte er, ich find schon was. Er wollte eben losfliegen, da sah er einen großen, rot getigerten Kater, der sich eben zum Sprung duckte. Sein Ziel war eine Amsel, die ahnungslos im Gras herumstocherte. Richard stieß einen Warnschrei aus, den alle Vögel verstehen. Die Amsel flatterte auf und brachte sich in Sicherheit.

Der rote Kater sah missbilligend zu Richard auf. »Das war eine höchst bedauerliche Einmischung in meine Privatangelegenheiten«, murrte er. »Da hat man endlich einen Appetithappen vor der Nase und dann kommt so ein gefiederter Hornochse ... Weißt du eigentlich, wie schwer es ist, einen wie mich satt zu kriegen?«

Richard nickte. »Weiß ich. Ich bin auch nicht allzu klein.«

Der Kater betrachtete Richard prüfend. »Stimmt«, sagte er. »Da fällt mir ein, ich könnte einen Partner mit Fluglizenz brauchen.«

»Partner?«, fragte Richard. »Wofür?«

»Für gemeinsame Nahrungsbeschaffung«, sagte der Rote. »Ich denke da an diese gewissen Teigscheiben, du weißt schon. An sich ungenießbar. Aber sie werden mit äußerst leckeren Dingen essbar gemacht.«

»Du meinst die Pizzeria da drüben?« Richard deutete mit dem Schnabel. »Die ist mir auch schon aufgefallen. Und wie denkst du dir das?«

»Du lenkst ab, ich geh räubern«, sagte der Rote. »Gefuttert wird gemeinsam. Am besten treffen wir uns wieder hier im Park.«

Die Küchentür der Pizzeria ging auf einen Hinterhof, in dem jede Menge Gerümpel herumstand. Richard setzte sich auf die niedrige Mauer, die den

Hof umgab. Die Küchentür stand weit offen. Drinnen sah Richard einen Mann, der Teig knetete. Auch das Fenster zum Hof war offen. Es schien ziemlich warm in der Küche zu sein. Laute Musik war zu hören. »Sahantaha Luhucihia«, hallte die Stimme des Sängers im Hof. Nicht weit vom Fenster entfernt war eine Wäscheleine gespannt.

Richard zupfte einen langen, trockenen Halm aus einem Grasbüschel, das an einer Mauer dahinkümmerte. »Bist du so weit?«, fragte er den roten Kater, der hinter einer Mülltonne in Deckung gegangen war. »Gleich beginnt die Vorstellung.« Richard setzte sich auf die Wäscheleine und sagte laut: »Krok!« Der Mann hörte auf, Teig zu kneten, und schaute zum Fenster. Richard nahm den Halm quer in den Schnabel. Dann breitete er die Flügel aus und marschierte wie ein Seiltänzer die Wäscheleine entlang. Der Mann stand am Fenster. Neben ihm tauchte noch ein zweites Gesicht auf. Richard stellte mit Befriedigung fest, dass beide vor Staunen den Mund weit offen hatten. »Santaaah Luciaaah«, schmetterte der Sänger. Am Ende der Wäscheleine machte Richard kehrt und marschierte zurück. Ein roter Schatten huschte aus der offenen Tür. Richard ließ den Halm fallen und kippte gekonnt von der

Wäscheleine. Ein zweistimmiger erschrockener Aufschrei vom Fenster her. Richard drehte aus dem Sturzflug ab, zog eine elegante Schleife und flog in den Park.

Der rote Kater kaute bereits an einem Stück Käse. »Hab in der Eile den Speck nicht gefunden«, entschuldigte er sich. Aber Richard war ganz zufrieden. Ihm war Emmentaler sowieso lieber.

»Wir sind ein tolles Team«, meinte der Kater.

»Sollten wir uns nicht zusammentun? Wir könnten das Programm noch ausbauen. Und als Nächstes im Fischrestaurant auftreten.«

Richard schüttelte den Kopf. »Ich glaube, das Showgeschäft liegt mir nicht.«

»Schade«, sagte der Kater und vertilgte die letzten Käsekrümel. »Du warst echt gut. Aber – was soll's. Für den Augenblick bin ich satt. Mehr kann kein Kater vom Leben verlangen. Vielleicht sehen wir uns mal wieder, wenn wir hungrig sind.«

»Ja, vielleicht«, nickte Richard.

Es war ein nebliger, trüber Morgen.

Richard erwachte und wusste sofort, dass es der siebente war. Zur Vorsicht zählte er die Zeichen auf seinem Notizast.

»Ist es so weit?«, fragte der Specht vom Nebenbaum. Richard hatte ihm von Rocco erzählt.

»Ja!«, rief Richard. »Es ist der siebente Tag.«

»Ich klopf auf Holz«, schnarrte der Specht. Er klopfte einen schnellen Trommelwirbel.

Angst macht schwere Flügel, dachte Richard. Er glitt mit nur wenig Abstand über die Dächer. Dann stand er mit heftigem Herzklopfen wieder vor der Tür der Tierärztin. Ob sie überhaupt schon öffnen würde? Es war für einen Menschentag noch sehr früh.

Er traf den Klingelknopf diesmal mit dem ersten Schnabelhieb. Der Summton war zu hören und die Tür öffnete sich.

Die Frau namens Rudolfine kam, um nachzusehen, wer gekommen war. »Frau Doktor! Dieser Rabe ist wieder da!«, rief sie und ging ein paar Schritte zurück. Richard war ihr sichtlich unheimlich.

»Komm herein, Rabe«, hörte Richard die Stimme der Tierärztin.

Ängstlich äugte er durch die Tür, die einen Spalt offen stand. Auf dem großen blanken Tisch in der Mitte des Raumes saß Rocco. Er war eindeutig lebendig. Richard hatte gern gejubelt, aber das gilt in Rabenkreisen als unschicklich.

»Kannst du fliegen?«, fragte Richard.

»Ich hab's noch nicht probiert«, antwortete Rocco. »Aber die Schmerzen sind weg.« Er bewegte versuchsweise die Flügel. »Fühlt sich gut an«, stellte er zufrieden fest.

»Das schaut ja aus, als würden sie miteinander reden!«, staunte Rudolfine.

»Es würde mich nicht wundern«, sagte die Tierärztin nachdenklich.

Rocco verbeugte sich vor ihr. »Ich habe zu danken«, sagte er würdevoll.

»Ich glaub's einfach nicht – er verbeugt sich«, ächzte Rudolfine. Sie beeilte sich, ihnen die Eingangstür aufzumachen. Rocco breitete die Flügel aus und gewann schnell an Höhe. Mit langsamen Flügelschlägen drehte er eine Runde. Richard hüpfte vor Begeisterung von einem Bein aufs andere.

»Er freut sich«, sagte Rudolfine.

»Na klar!«, krächzte Richard. Dann beeilte er sich, Rocco zu folgen, der höher und höher flog.

»Es hat wie ›na klar‹ geklungen«, sagte Rudolfine.

Die Ärztin nickte stumm und schaute den beiden Raben nach, bis sie nur mehr schwarze Punkte am grauen Wolkenhimmel waren.

»Rocco ist zurück!«, rief der erste Wachrabe, als sie sich dem Wohnbaum näherten, den Richard vor sieben Tagen nach Roahs Warnung verlassen hatte.

»Rocco ist zurück!«, rief auch der zweite Wachrabe.

»Rocco ist zurück!«, riefen Ralf und Rudi zweistimmig.

Es ist nicht Rabenart zu jubeln. »Dann ist es ja gut«, sagte einer aus dem Rat der Ältesten. Dabei schaute er Richard prüfend an. Wird er es sagen?, war die unausgesprochene Frage in seinem Blick. Wird er sich darüber beklagen, dass er fliehen musste?

Richard sagte nichts.

Er hatte Roah entdeckt und setzte sich auf den Ast direkt neben ihr. Sie schaute kurz auf und Richard sah, dass sie betrübt wirkte.

»Freust du dich nicht, dass Rocco wieder da ist?«, fragte Richard.

»Du willst zurück zu den Menschen, nicht wahr?«, sagte sie statt einer Antwort.

Richard starrte sie verblüfft an. »Wie kommst du denn darauf? Ich war noch nie so gern Rabe wie jetzt! Rocco kann wieder fliegen. Der Rat der Ältesten schaut ziemlich dumm aus den Federn. Und ich hab das Ganze...«, Richard schluckte, »... mit deiner Hilfe sogar überlebt.«

»Weißt du, was ich jetzt finde?« Roah flog einen übermütigen Salto und zog dann in weiten Kreisen höher.

Richard hatte Mühe ihr zu folgen. »Was findest du denn?«, rief Richard.

Roah flog höher und höher. »Das Frohsein«, sagte sie.

Das Fest der Trolle

Richard spürte: Erst jetzt gehörte er richtig dazu.

Ralf und Rudi beobachteten ihn nicht mehr und machten ihm keine Vorschriften. Die Ältesten behandelten ihn mit Respekt. Rocco war für ihn wie ein älterer Bruder.

Manchmal sah Richard einer vorüberziehenden Wolke nach. Schaute zu, wie das helle Holzhaus mit den rosa Blumen am Fenster im Blau des Himmels dahinsegelte. Irgendwann, dachte Richard dann, irgendwann werde ich wieder Richard das Kind sein. Aber das hat Zeit. Und jeden Abend vor dem Einschlafen sagte er sich das Verwandlungsgedicht vor. Er hatte das Gefühl, dass er es nicht vergessen durfte.

Und dann war da noch Roah … »Kaum zu glauben, dass aus einem Menschen ein so brauchbarer Rabe werden kann«, sagte sie manchmal. Richard war jedes Mal froh, dass er schwarze Federn im Gesicht hatte. So konnte man wenigstens nicht sehen, dass er rot wurde.

Nicht alles, was Richard auf ihren gemeinsamen Ausflügen tat, fand Roah richtig.

Einmal sah Richard einen Schmetterling in einem kunstvoll gesponnenen Netz zappeln. Mit einem Schnabelhieb zerriss er das Netz und befreite so den Schmetterling, der ohne ein Wort des Dankes davonflatterte.

»Warum tust du das?«, fragte Roah. »Die Spinne wird sich ärgern.«

»Soll sie«, sagte Richard. »Es ist eine ausgesprochen unappetitliche Angewohnheit, andere auszusaugen.«

»Aber es geht dich nichts an«, beharrte Roah. »Nicht einmal danke hat er gesagt, dieser bunte Flatterich.«

Ein anderes Mal fanden sie ein verlassenes Rehkitz im Wald. Es lag im Gras, zitterte und hatte feuchte, kummervolle Augen.

»Typisch, diese Rehmütter«, grummelte Roah. »Dauernd springen sie in der Gegend herum und lassen ihre Kinder liegen. Die sollten sich ein Beispiel an unseren pflichtbewussten Rabenmüttern nehmen.«

»Du kannst schon mal aufhören mit dem Zittern«, sagte Richard zu dem Rehkitz. »Wir finden sie schon irgendwo, deine Mutter.«

»Das hier ist nicht unsere Sache«, murrte Roah. Aber sie flog dann doch mit Richard, bis sie die verzweifelte Rehmutter gefunden hatten.

»Da waren Menschen«, keuchte diese, noch immer ganz aufgeregt. »Ich musste weg. Wirklich. Und jetzt finde ich mein Junges nicht mehr. Die Nerven – Sie verstehen ...«

»Siehst du, schon wieder die Menschen!«, sagte Roah triumphierend. »Trampeln überall herum, wo sie nicht hingehören.«

Am schwierigsten war die Sache mit dem Meisenkind. Es saß im Gras, flatterte hilflos mit viel zu kleinen Flügeln und piepste. Hoch über ihm im Nest tschilpte die Meisin. »Ich hab dir doch gesagt, du sollst nicht immer am Nestrand schaukeln«, schimpfte sie. »Jetzt siehst du, wo das hinführt.«

»Ein Gabelfrühstück für den Iltis«, sagte Roah ungerührt.

Richard war empört. »Das ist kein Gabelfrühstück, das ist ein Vogelkind! Lass mich mal nachdenken.« Und Richard dachte nach.

»Ich hab eine Idee«, verkündete er.

»Nicht schon wieder!«, stöhnte Roah.

Richard suchte sorgfältig einen Tannenzweig und trug ihn im Schnabel dorthin, wo das Meisenkind saß. »Steig drauf und halt dich fest«, sagte er.

»Dass Sie meinem Kind ja nichts tun!«, tschilpte die Meisin von oben. Das Meisenkind saß auf dem Zweig und krallte sich fest. Roah beäugte missvergnügt die Szene aus einiger Entfernung.

»Los, pack an«, kommandierte Richard. »Wir tragen den Zweig hinauf zum Nest.«

Roah protestierte. »Für Transporte aller Art sind unsere Lastkraftraben zuständig.« Aber dann packte sie doch mit ihrem starken Schnabel zu. Sie erreichten das Nest ohne Schwierigkeiten und kippten das Junge zu den vier anderen.

»Nichts als Aufregung hat man mit der Brut«, schimpfte die Meisin. Richard und Roah waren schon im Weiterfliegen, als sie die entsetzte, schrille Stimme der Meisin wieder hörten. »Nicht schon wieder am Nestrand schaukeln!!!«

»Siehst du«, sagte Roah. »Es lernt erst, wenn es vom Iltis gefressen wird.«

»Dann hat es aber nichts mehr davon«, meinte Richard.

»Na und«, sagte Roah. »Du bist in erster Linie

für dich verantwortlich. Und dann noch für den Schwarm. Du kannst nicht alles Unglück der Welt verhindern.«

»Alles nicht«, sagte Richard fröhlich. »Aber ein ganz kleines bisschen.« Er drehte eine Schleife, düste im Sturzflug ein Stück erdwärts und zog knapp über dem Boden gekonnt wieder hoch. »Und weißt du, was das Beste daran ist?«, fragte er, als er wieder bei Atem war.

»Nein.« Roah schaute noch immer streng.

»Es macht froh«, sagte Richard.

Oft streunte Richard auch allein durch die Wälder. Für den Raben Richard war alles sehr viel anders als früher einmal für das Kind Richard. Manchmal besuchte er den Specht, um mit ihm über die Probleme der Bäume zu reden.

Oder er ließ sich von den Eichhörnchen die neuesten Waldnachrichten erzählen. Das war zwar sehr interessant, machte ihn aber immer ein wenig nervös. Weil Eichhörnchen ständig stammauf, stammab laufen, während sie reden.

Lieber hörte er der Eule zu, die sehr gebildet war und auf fast alles eine Antwort wusste.

An diesem Morgen saß Richard auf einem Fichtenast und überlegte, wen er besuchen wollte.

Plötzlich hörte er eine Stimme. »Siebenhundertsechsundzwanzig, siebenhundertsiebenundzwanzig, siebenhundertachtundzwanzig.«

Richard schaute sich um. Es war niemand zu sehen.

»Siebenhundertneunundzwanzig, siebenhundertdreißig, siebenhunderteinunddreißig«, zählte die Stimme weiter. Es kam von irgendwo unten im Gras.

Richard flog von seinem Ast und landete in der Mitte der kleinen Waldlichtung. Vorsichtig ging er der Stimme nach.

Als er schließlich ein paar Farnblätter mit dem Schnabel zur Seite bog, sah er ihn. Ein kleiner Kerl in einem blauen Arbeitsanzug schleppte Haselnüsse in eine Erdhöhle. Er war nicht größer als ein Rabe, aber sonst sah er ziemlich menschenähnlich aus. Er hatte ein freundliches, breites Gesicht und ziemlich große Ohren. Aus den Hosenbeinen schauten nackte, pelzige Füße. Auf dem wirren Haarschopf saß ein geringeltes Strickmützchen.

»Was bist du denn für einer?«, fragte Richard.

Vor Schreck ließ der Kleine eine Nuss fallen. »Meine Nerven!«, ächzte er. »Fast hätte ich gedacht, es ist wieder dieser hungrige Fuchs. Aber Ra-

ben fressen ja zum Glück keine Trolle. Oder ...«, er äugte misstrauisch auf Richards Schnabel. »Oder bin ich da falsch informiert?«

Richard schüttelte nur den Kopf. »Trolle?«, fragte er. »Es gibt also tatsächlich Trolle?«

»Na, wofür hältst du mich? Für einen Elefanten?«, fragte der Troll zurück. »Habt ihr denn das nicht in der Rabenschule gelernt? Die Familie der Trolle teilt man ein in: Wald-, Berg- und Sumpftrolle. Bevorzugte Nahrung aller Trolle: Haselnüsse und Bucheckern. Weitere, allerdings nur beim Menschenvolk übliche Namen für Trolle: Gnome oder auch Zwerge.«

»Zwerge haben doch immer rote Zipfelmützen auf«, sagte Richard.

Der Troll seufzte. »Dieser Irrglaube hält sich jetzt schon ein paar hundert Jahre. Nur weil ein Mensch zufällig einen von uns mit roter Zipfelmütze gesichtet hat. Ich persönlich finde Zipfelmützen albern. Rote überhaupt. Von Beruf bin ich übrigens Nüsschenverwalter.«

Er begann wieder seine Nüsse in das Erdloch zu schleppen und da weiterzuzählen, wo er aufgehört hatte.

Es ist für einen einzelnen Raben in Bodennähe immer gefährlich. Also flog Richard wieder auf einen Ast und schaute dem Troll von oben beim Nüssetragen zu. Er stellte sich vor, wie er diese Geschichte jemandem erzählen würde. Später, wenn er wieder Richard das Kind war. Er lachte leise in sich hinein. Lieber nicht. Kein Mensch würde ihm das glauben.

Ohne dass Richard auch nur irgendein Geräusch gehört hätte, war der Fuchs plötzlich da. Er stand zwischen dem Troll und dem rettenden Eingang zur Erdhöhle.

»Ein Troll als Nachspeise ist nicht zu verachten«, sagte der Fuchs. »Sie haben einen so angenehmen Nussgeschmack.«

Der Troll stand bewegungslos.

»Schmeckt ein Happen wirklich toll – ist es ganz bestimmt ein Troll«, sagte der Fuchs und kam näher.

Der Troll stand noch immer wie versteinert. Er starrte den Fuchs mit weit aufgerissenen Augen an. Der Fuchs schien seiner Sache sehr sicher zu sein. Er zeigte keine Eile, den Troll zu fressen. »Ein Troll zum Dessert, das mundet gar sehr«, sagte er und zeigte seine spitzen Zähne. »Du hast Glück«, erklärte er dem Troll. »Du wirst von einem Dichter gefressen.«

»Ich möchte lieber gar nicht gefressen werden, wenn's geht, bitte sehr«, sagte der Troll zitternd.

»Ein Tröllchen in Ehren kann keiner verwehren«, grinste der Fuchs und kam noch ein Stück näher.

Richard überlegte. Ein Fuchs war auch für ihn ein ernst zu nehmender Gegner. Aber zumindest können Füchse nicht fliegen. Richard beschloss, ein Ablenkungsmanöver zu versuchen. »Attacke!«, rief er und nahm im Sturzflug Kurs auf den Fuchs. Der duckte sich überrascht, schnappte aber im nächsten

Augenblick mit gefährlich spitzen Zähnen nach Richard. Schnell – aber nicht schnell genug. Richard saß schon wieder in sicherer Höhe auf seinem Ast. Der Troll hatte die Zeit genützt und war in seinem Erdloch verschwunden.

»Was mischen Sie sich in meinen Speisezettel?«, rief der Fuchs empört. »Ich werde mich über Sie beschweren!«

»In Reimen, hoffe ich, großer Dichter!«, rief Richard vergnügt von seinem Ast. Sehr zufrieden flog er zu seinem Schwarm zurück.

An diesem Abend riefen die Raben auf den untersten Ästen des Schlafbaumes: »Besuch für Richard!«

Richard war gerade im Begriff, eine neue Geschichte zu erfinden. Ein wenig verärgert über die Störung flatterte er ein paar Äste tiefer. Es war der Troll mit dem geringelten Mützchen.

»Du hast mir das Leben gerettet«, sagte er feierlich.

Richard stieg ein wenig verlegen von einem Bein aufs andere. »War mir ein Vergnügen«, sagte er nach höflicher Rabenart.

»Morgen ist das Fest der Trolle«, fuhr der bemützte Nüsschenverwalter fort. »Würdest du mein Ehrengast sein?« Und ohne Richards Antwort abzuwarten, ergänzte er eifrig: »Es gibt Nusskuchen, Nusskekse und Nusslikör. Außerdem Bucheckernsalat, Bucheckernbrot und Bucheckern an zarten Waldgräsern.«

Richard war ganz verwirrt vor lauter Bucheckern. »Ich komme gern«, sagte er und ließ sich den Weg erklären.

»Das Losungswort ist *Feuerzauber*«, sagte der Troll noch und war im nächsten Augenblick verschwunden.

Pünktlich zur vereinbarten Zeit wartete Richard beim Riesenfarn am Fuß der großen alten Esche. Nichts deutete darauf hin, dass hier irgendwo ein Fest gefeiert wurde.

»Psssst, pssssst«, machte es hinter Richard. Er drehte sich um, sah aber niemanden.

»Kennwort?«, fragte eine Stimme.

»Feuerzauber«, sagte Richard.

Die Farnblätter wurden von kleinen Händen beiseite geschoben. Dahinter sah Richard den Eingang zu einer Felsenhöhle.

»Da hinein?«, fragte er. Als Vogel hielt er nichts

von Höhlen, in denen man seine Flügel nicht gebrauchen kann.

»Keine Sorge, hier bist du sicher«, sagte der Wachtroll. »Immer geradeaus, auf das Licht zu. Soll ich dir ein Glühwürmchen mitschicken?«

»Danke, nicht nötig«, lehnte Richard ab.

Der Gang führte durch glattes Felsgestein. Ziemlich weit weg sah Richard einen rötlich flackernden Lichtschein. Erstaunt blieb er stehen, als er aus dem Felsengang kam. Er hatte ein fröhliches Fest erwartet, nicht diese sonderbar feierliche Stimmung. Rund um ein großes Feuer saßen stumm die Trolle. Ganz alte mit weißen Haaren und Winzlinge von Kleintrollen. Trollfrauen und Trollmänner, mit und ohne Strickmützchen. Kein einziger mit roter Zipfelmütze.

Sie rückten enger zusammen, als sie Richard sahen, und machten ihm Platz. Richard kam sich ein bisschen komisch vor, so als einziger Rabe zwischen den Trollen. Aber was die Sicherheit betraf, war er zufrieden. Ringsum nur steile Felswände. Der einzige Zugang führte durch die bewachte Felshöhle.

Einer der ganz alten Trolle stand auf und verbeugte sich vor Richard. »Wir begrüßen unseren gefiederten Ehrengast und danken für sein Kommen. Seine Kraft wird unsere verstärken.«

Richard war neugierig, was er wohl verstärken sollte.

»Wir wollen die Geister von Erde, Luft und Wasser anrufen. Und ihnen die Kraft unserer Gedanken schicken. Wie wir alle wissen, können sie es dringend brauchen.«

Rundherum erhob sich zustimmendes Gemurmel.

»Und dann ...«, fuhr der alte Troll fort, »wollen wir wie jedes Jahr das Feuer bitten, ein freundliches Feuer zu sein.«

Er begann ein Lied anzustimmen, das nach und nach auch die anderen Trolle mitsangen. Es war eine für Richard unverständliche Folge von Silben und Lauten, die ständig wiederholt wurden. Nach einer Weile bemerkte er, dass er selbst auch mitbrummte:

»Nitschi-tai-tai-enjuai
oronieka oronieka
hej-hej-ouai
hej-hej-ouai ...«

Die gleichförmige Melodie machte ihn ein bisschen schläfrig.

Plötzlich war er wieder hellwach. Ein Sturm! Ein Sturm zwischen diesen Felswänden – wie war das möglich? Dabei brannte das Feuer ruhig und gleichmäßig weiter.

»Der Luftgeist«, flüsterte der kleine Troll neben Richard. »Er tobt. Luftverschmutzung und so. Aber darüber wisst ihr Raben vielleicht gar nichts.«

Im nächsten Augenblick war es wieder windstill. Dafür war plötzlich Meeresrauschen zu hören. Wie von riesigen Wellen, die sich an Uferfelsen brechen. Alles nur Einbildung? Einige Wasserspritzer trafen Richard. Er kostete. Es schmeckte salzig, wie Meerwasser – oder Tränen.

»Der Wassergeist«, flüsterte der kleine Troll. »Hörst du, was er rauscht?«

»Ich hör es«, sagte Richard. »Und es klingt gar nicht gut.«

Was war das jetzt wieder? Die Felswände ringsum dröhnten und der Boden unter Richards Füßen zitterte.

»Der Erdgeist«, flüsterte der kleine Troll. »Er bebt vor Zorn und sagt, man beutet ihn aus.«

Dann war alles wieder ruhig. Kein Sturm, keine

Brandung, kein Erdbeben. Richard schaute sich verwirrt um. War er kurz eingeschlafen und hatte das alles geträumt?

Der alte Troll stand auf und ging zum Feuer. Er warf einige getrocknete Kräuter in die Flammen. Dabei murmelte er etwas. Dann streckte er seine Hände vor. »Ich denke, wir haben ein freundliches Feuer«, sagte er.

Richard schaute auf die Hände des alten Trolls. Und plötzlich sah er eine schnelle Abfolge von Bildern. Er sah sich selbst, wie er Hand in Hand mit seinem Vater spazieren ging. Seine Mutter umarmte. Die Katze Kleopatra streichelte. Pommes frites nahm und in Ketschup tauchte. Nach einem Bleistift griff. Einen Ball warf.

Der alte Troll hielt jetzt seine Hände direkt in die flackernden Flammen. »Er wird sich verbrennen!«, rief Richard.

»Doch nicht in einem freundlichen Feuer«, erklärte seelenruhig der kleine Troll neben Richard.

Der alte Troll rieb seine Hände ganz behaglich in den Flammen. Er wandte sich an Richard: »Wenn du einen wichtigen Wunsch hast – jetzt ist die Zeit, ihn zu denken oder auch laut auszusprechen.«

»Wünschst du dir was?«, fragte der kleine Troll.

»Das solltest du. Wirklich. Es gibt nur einmal im Jahr ein freundliches Feuer.«

Ja – wünschte er sich etwas?

Immer hatte er sich gewünscht, fliegen zu können. Das konnte er jetzt. Er hatte sich oft gewünscht, nicht jeden Tag in die blöde Schule gehen zu müssen. Das musste er als Rabe nicht mehr. Er hatte sich gewünscht, viele Freunde zu haben. Jetzt hatte er einen ganzen Schwarm Freunde. Und manchmal hatte er sich gewünscht, ganz wer anderer zu sein. Das war ja wohl in Erfüllung gegangen.

»Ich möchte wieder ich sein«, sagte Richard laut. Zu seiner eigenen Überraschung.

»Diesen Wunsch wird das Feuer wohl nicht abschlagen können«, sagte der alte Troll lächelnd. »Und jetzt wollen wir feiern.«

Voll beladene Schüsseln und schwere Krüge wurden herangeschleppt. Die Trolle lachten und redeten durcheinander.

»Wolltet ihr nicht irgendwas mit der Kraft eurer Gedanken tun?«, fragte Richard den kleinen Troll.

»Tun wir ja«, sagte der Troll. »Aber gute Gedanken brauchen gute Stimmung.«

Das fand Richard außerordentlich vernünftig.

Der Weg zurück

»Ich muss wieder ich sein«, sagte Richard am nächsten Abend zu Rocco.

Rocco nickte nur. Ohne sichtbare Überraschung. »Wenn ein Leben als Rabe für dich vorgesehen wäre, dann wärst du bestimmt als Rabe zur Welt gekommen. Du bist frei zu fliegen, wohin du möchtest.«

»Leicht gesagt«, meinte Richard. »Ich hab keine Ahnung, wie ich zurückfinden soll.«

»Immer dem Schnabel nach«, meinte Rocco. »Flieg ohne Angst. Wer Angst hat, verliert seine Kraft und sein inneres Wissen. Und wenn du wirklich nicht mehr weiter weißt, dann frag nach Ramses, dem weißen Raben.«

»Es gibt tatsächlich einen weißen Raben?«, fragte Richard.

»Nicht immer«, sagte Rocco. »Nur wenn man ihn braucht.«

»Und wo finde ich ihn?«, fragte Richard besorgt.

Rocco lächelte. »Dort, wo du ihn brauchst.«

Wenig später wusste es der ganze Schwarm: Richard würde am nächsten Tag nicht mit ihnen weiterfliegen.

»Wir werden …«, sagte Ralf.

»… dich vermissen«, nickte Rudi.

Richard vermied es, Roahs Blicken zu begegnen.

»Eine Geschichte zum Abschied!«, rief jemand aus dem Schwarm.

»Jajajajaja!«, krächzten alle.

Richard überlegte. Eine Geschichte zum Abschied. »Erinnert ihr euch an meine erste Geschichte?«, fragte er.

»Klar!«, rief jemand. »Die mit den bunten Raben.«

Richard nickte. »Es gibt eine Fortsetzung dazu. Sie heißt: *Der Rabe, der anders war*.«

»Erzähl!« Der Schwarm hatte sich eng um Richard geschart.

Und Richard erzählte: »Ihr erinnert euch: Einer der Raben war zur Zeit des schwarzen Regens gerade auf Urlaub im Urwald. Er blieb als Einziger bunt. Nicht lange danach bemerkte er es zum ersten

Mal: Die Raben links von ihm und rechts von ihm waren ein Stück weggerückt.

›Was ist los?‹, fragte er. ›Riech ich aus dem Schnabel? Oder bin ich wem auf die Schwanzfedern getreten?‹

Die schwarzen Raben schauten einander viel sagend an. Aber sie antworteten nicht.

Der bunte Rabe zuckte ratlos mit den blau-grünen Flügeln und beschloss, erst einmal seinen Mittagsschlaf zu halten. Da krachte ein Schuss.

Verstört flatterte der Schwarm der Raben auf und suchte sich einen anderen Baum zum Rasten. Niemand war getroffen, aber sie erholten sich nur langsam von dem Schreck.

Und einer der Raben sagte laut, was alle dachten: ›Der Bunte war's. Ihm haben wir das zu verdanken. Er ist zu auffällig.‹

Sie rückten noch weiter von ihm ab. Es dauerte nicht lange, da saß der bunte Rabe rabenseelenallein auf seinem Ast. Seine bunten Federn leuchteten im Grau des Novembertages. Das war ihm äußerst peinlich. Und er versuchte, wenigstens unauffällig dreinzuschauen.

Da landete Romuald der Oberrabe neben ihm auf dem Ast. ›Ähem‹, räusperte er sich.

Der bunte Rabe schreckte aus seinen trüben Gedanken.

›Wir haben nichts gegen dich‹, sagte Romuald. ›Nur – du passt nicht zu uns.‹

›Was soll ich tun?‹, fragte der bunte Rabe. ›Ich bin bunt – na und!‹

›Dann muss ich deutlicher werden‹, krächzte Romuald. ›Du sollst die Federn schwingen, zügig abschwirren, den Flattermann machen.‹

›Wohin?‹, fragte der bunte Rabe.

›Das fällt unter alles‹, war die Antwort. ›Und um alles kann man sich nicht kümmern.‹

Was blieb dem bunten Raben übrig? Er breitete die Flügel aus und nahm Kurs auf irgendwo. Als er müde wurde, landete er auf einem Dach. ›Grügrügrüß Sie‹, sagte eine Taube zu ihm. ›Sie wollen doch hoffentlich nicht bleiben?‹

›Ist es, weil ich anders bin als ihr?‹, fragte er.

›Aber wo denken Sie hin!‹, gurrte die Taube. ›Keine Spururur! Nur leider – das Dach ist voll!‹

›Aber –‹, der bunte Rabe schaute sich um. ›Da ist doch noch jede Menge Platz.‹

›Das täuscht‹, sagte die Taube. Auf einmal klang ihre Stimme drohend. ›An Ihrer Stelle wäre ich weg, wenn die Sicherheitstauben kommen.‹

Ist auch ganz ungesund, das Leben auf den Dächern, zwischen den qualmenden Schornsteinen, dachte der bunte Rabe. Irgendwo wird man mich schon wollen.

Er flog auf die dichten grünen Wälder zu. So viele Bäume, dachte er. Da wird doch wohl auch einer für mich dabei sein. Er steuerte eine hohe, dichte Fichte an.

›Sind Sie eingeladen?‹, fragte eine seltsam schnarrende Stimme.

›Ich – äh – wo – warum?‹, fragte der bunte Rabe.

Aus dem Dickicht der Fichtenzweige trat ein streng blickendes Federwesen.

›Wer sind Sie?‹, fragte der bunte Rabe.

›Ein Kauz‹, sagte das Federwesen. ›Und Sie?‹

›Ein Rabe‹, sagte der bunte Rabe.

›Treiben Sie's nicht zu bunt‹, mahnte der Kauz. ›Wie jeder weiß, ist die amtlich zugelassene Rabenfarbe neuerdings Schwarz.‹

›Drum bin ich ja da‹, seufzte der bunte Rabe. ›Zu Hause will man mich nicht mehr. Unschwarz wie ich nun einmal bin. Kann ich vielleicht diesen schönen, geräumigen Baum mit Ihnen bewohnen?‹

›Wissen Sie‹, sagte der Kauz. ›Ich bin ein komischer Kauz. Ich liebe meine Mitvögel. Aber am liebsten liebe ich sie, wenn keiner von ihnen in der Nähe ist. Ausnahmsweise können Sie für eine Nacht bleiben. Man ist ja kein Unvogel. Vorausgesetzt, Sie knirschen nicht mit den Zähnen.‹

›Ich hab gar keine Zähne‹, beteuerte der bunte Rabe.

›Umso besser‹, meinte der Kauz.

Noch bevor der komische Kauz erwachte, flog der bunte Rabe weiter. Ein Zaun – voll besetzt mit brüllenden Spatzen – erregte seine Aufmerksamkeit.

Spatzen! Das ist es!, dachte der bunte Rabe. Die sind fröhlich und gesellig. Genau der richtige Umgang für mich. Er landete etwas abseits, um nicht aufdringlich zu wirken.

Im nächsten Augenblick war er von Spatzen umringt. Na also – wie er gedacht hatte: freundlich und gesellig. Der Rabe räusperte sich und setzte zu einer Begrüßung an.

Einer der Spatzen kam ihm zuvor. ›Wann haben wir zuletzt so einen Bunten zerlegt?‹, fragte er.

›Auf einen Spatzenzaun soll sich kein Fremder traun!‹, brüllte einer der Spatzen.

Ein paar Spatzen kreischten im Chor: ›Diese bunten Lümmel stehlen unsere Krümel!‹

›Auf ihn mit Gebrüll!‹, rief ein anderer.

›Bunt ist Schund!‹, wiederholte der Spatzenchor mehrmals hintereinander.

Da zog es der bunte Rabe vor, gar nicht erst mit seiner Rede zu beginnen. Er verließ eher hastig den ungastlichen Spatzenbrüllzaun und flog weiter. Immer weiter, bis er ans Meer kam.

Schade, dass ich kein Fisch bin, dachte er. Bestimmt hätte das Meer Platz für mich. So groß, wie es ist und tief und unendlich. Weit draußen auf dem Meer sah der bunte Rabe ein Schiff. ›Ahoi!‹, rief er begeistert und nahm Kurs auf das Schiff. ›Ich werde Seerabe!‹

Dem Schiff folgte ein Schwarm silbriger Vögel mit heiseren Rufen. Einige saßen auf der Reling. Der bunte Rabe setzte sich zu ihnen. ›Kann ich bei euch bleiben?‹, fragte er.

›Wir sind Möwen‹, sagte einer der Vögel als Antwort.

›Ist mir auch recht‹, meinte der bunte Rabe unbekümmert. ›Kann ich Gastmöwe werden bei euch?‹

Die Möwe betrachtete den bunten Raben mit sichtlichem Erstaunen. ›Bei uns?‹, fragte sie empört. ›Was für eine kuriose Idee. Siehst du nicht, dass wir der edlen Rasse der Silbrigen angehören?‹

›Das seh ich‹, sagte der bunte Rabe. ›Aber ich denke, edel ist man innen, nicht außen.‹

›Typisch dieses bunte Gesindel. Wird auch noch frech‹, mischte sich jetzt eine andere Möwe ein. ›Das kennt man ja‹, sagte eine dritte Möwe. ›Man gibt ihnen ein Stück Reling und schon wollen sie das ganze Schiff.‹

›Die Meere den Möwen!‹, krächzte es von allen Seiten.

Der bunte Rabe hatte Mühe, den Schnabelhieben der edlen Silbrigen zu entkommen.

Ein dichter Nebel senkte sich auf das Meer. So dicht, dass man nicht mehr sah, wo der Himmel aufhörte und das Wasser begann. Aber der bunte Rabe hatte keine Angst vor dem Nebel. Wer nicht weiß, wo er hingehört, der kann sich auch nicht verirren. Und so flog er einfach hinein in das dichte Weiß, das ihn bereitwillig aufnahm.

Als der Nebel sich lichtete, fand er sich zu seinem Schrecken wieder auf dem Schlafast mitten im Schwarm seiner tiefschwarzen Mitraben. Der bunte Rabe schaute sich gehetzt um. Gleich würden sie ihn wieder verjagen! ›Ich schwirr ja ab! Bin schon weg! Voll im Abflug!‹, rief er.

›Aber warum denn?‹, fragte ein schläfriger Rabe

dicht neben ihm. Ein anderer Rabe gähnte herzhaft und schaute den bunten Raben ratlos an. ›Was ist denn mit dir los?‹

›Wollt ihr mich nicht loswerden?‹, fragte der bunte Rabe verwirrt.

Jetzt wachten die anderen rings um ihn auf. Er schaute in leicht verschlafene, aber durchaus freundliche Rabengesichter.

›Ächz!‹, sagte der bunte Rabe. ›Wenn ihr wüsstet, was ich geträumt habe!‹

›Erzähl!‹, sagte einer aus dem Schwarm. ›Ich höre so gern Schauergeschichten. Vor allem, wenn sie nur geträumt sind.‹

›Jajaja, erzähl!‹, riefen auch die anderen.

Und der bunte Rabe erzählte.

›Das ist ja furchtbar!‹, krächzte einer der Zuhörer, als der bunte Rabe seinen Traum zu Ende erzählt hatte.

›Jaja‹, sagte Romuald der Oberrabe. ›So was soll tatsächlich vorkommen.‹

›Nein!!!‹, riefen einige aus dem Schwarm in einstimmigem Entsetzen.

›Aber doch nicht bei uns Raben‹, beruhigte sie Romuald.«

Eine Weile war es ganz still, als Richard seine Geschichte beendet hatte. Dann ließ sich eine Stimme aus dem Schwarm hören. »Und wer, bitte, wird uns ab morgen Geschichten erzählen?«

Betretene Stille.

Auch Richard wusste keine Antwort.

Dann – eine zaghafte Stimme: »Ich vielleicht.«

Richard wandte überrascht den Kopf. Ja – er hatte richtig gehört: Das war Roahs Stimme gewesen. Sie schaute Richard ernsthaft an. »Wir sind doch Freunde«, sagte sie. »Und Freunde können einander Gedanken schicken. Warum nicht auch Geschichten? Wir könnten es zumindest versuchen.«

»Gut«, sagte Richard. »Versprochen. Jeden Tag vor dem Einschlafen denk ich mir eine Geschichte aus.«

»Und ich finde sie«, sagte Roah die Finderin.

Als der Schwarm der Raben am nächsten Morgen weiterflog, blieb Richard auf seinem Ast sitzen. Roah flog als Letzte.

»Denk an die Geschichten«, sagte sie zum Abschied.

Richard nickte, weil irgendwas im Hals ihn am Sprechen hinderte.

Er sah ihnen nach, bis sie nur mehr kleine schwarze Punkte am blasstürkisfarbenen Morgenhimmel waren.

»Nüsschen gefällig?«, fragte ihn ein Eichhörnchen. »Nüsschen sind ausgesprochen gut für die Stimmung.«

»Danke, nein«, sagte Richard. »Aber wissen Sie zufällig, wo es von hier zurück geht?«

»Zurück? Warten Sie mal...« Das Eichhörnchen überlegte angestrengt. »Nein, das weiß ich zufällig nicht.«

Was jetzt? Immer dem Schnabel nach, hatte Rocco geraten. Und ohne Angst.

»Wie wird man die Angst los?«, hatte Richard gefragt.

»Ganz einfach«, war Roccos Antwort gewesen. »Man atmet tief durch, hebt den Kopf hoch und schaut frech.«

Richard atmete tief durch, hob den Kopf hoch und schaute frech.

Tatsächlich – da war kein bisschen Angst mehr. Klar würde er den Weg finden – warum denn auch nicht!

Eigentlich war es einfacher, als Richard gedacht hatte. Er orientierte sich an Bäumen, auf denen sie geschlafen hatten. An Saatfeldern, die sie geplündert hatten. An Vogelscheuchen, Rastplätzen, Kirchtürmen. Und an Erinnerungen ganz besonderer Art.

Er kam wieder zu der Lichtung, wo Rocco verletzt worden war.

Er fand im Gebirge den Treffpunkt mit den Vogelmenschen.

Er erkannte den Rastplatz wieder, wo er seine Aufnahmeprüfung als Geschichtenerzähler gemacht hatte.

Und schließlich landete Richard auf dem Baum, zu dem ihn Ralf und Rudi gebracht hatten ... damals – kurz nach seiner Verwandlung. Der Baum, auf dem er seine erste Nacht als Rabe verbracht hatte.

Ich habe es geschafft, dachte Richard. Ich bin zurück. Einmal noch schlafen – dann bin ich wieder der andere Richard. Wenn ... ja, wenn Randolf bereit ist, mit mir zu tauschen. Den Gedanken schob Richard schnell wieder weg. Ach was, er muss, brummte er vor sich hin.

Er richtete sich häuslich auf dem Schlafast ein. Einmal noch als Rabe auf einem Ast schlafen ... Einmal noch ... einmal noch ... Dann war er eingeschlafen.

Ein witziger Traum ist das, dachte Richard. Er sah einen Bären, der ein Gewehr in den Pfoten hielt. Bestens, dachte Richard. Ich mag Träume, in denen der Bär schießt und nicht der Jäger. Beim Knall des Schusses merkte Richard, dass er nicht mehr träumte. Da unten zwischen den Felsen stand ein Bär und betrachtete etwas erstaunt das Ding in seinen Pfoten. Dann warf er es ärgerlich brummend weg und kramte in einem Rucksack.

Richard flog näher. »Da, wo ich wohne, gibt's keine Bären«, sagte er vorwurfsvoll.

Der Bär schaute kurz auf. »Da, wo ich wohne,

schon«, sagte er. »Bin erst vor kurzem zugewandert.«

»Mit Gewehr und Rucksack?«, wunderte sich Richard.

»Hat einer liegen lassen«, brummte der Bär. »So ein grüner Mensch mit Hut. Hat mich gesehen und ist gelaufen. Viel schneller, als Menschen sonst laufen.« Er streckte eine Pfote in den Rucksack und holte eine Flasche mit farblosem Inhalt heraus. Er schüttelte die Flasche und versuchte dann, den Schraubverschluss mit den Zähnen aufzubeißen.

»Drehen«, rief Richard. »Immer so herum.« Er deutete mit dem Schnabel.

»Fachvogel, was?«, sagte der Bär anerkennend. Er nahm einen Schluck aus der Flasche und spuckte ihn sofort prustend wieder aus.

»Menschen!«, brummte er und warf auch die Flasche weg. »Besser, man kommt ihnen nicht zu nahe.« Er gab dem Rucksack noch einen zornigen Tritt und trollte sich in Richtung Wald.

Wieder einer, der keine sehr gute Meinung von uns hat, dachte Richard. Aber ich mach's besser, versprach er sich selbst. Ich schieß nie auf was Lebendiges.

An diesem Morgen polierte Richard besonders

sorgfältig jede einzelne Feder. Randolf sollte sich nicht über ein vernachlässigtes Federkleid beklagen müssen. Er trank ein wenig Tau, nahm sich aber nicht die Zeit, nach Frühstück zu suchen. Mittagessen gab es ja vielleicht schon zu Hause. Wenn alles gut ging. Wenn ...

Richard überlegte. Als Erstes wollte er Randolf von der Schule abholen. Ihn ein Stück begleiten und so ganz nebenbei sagen: »Ach ja – übrigens, lass uns doch wieder tauschen. Du willst doch bestimmt auch wieder einmal Rabe sein.«

»Klar doch«, würde Randolf daraufhin sagen. »Mir geht die Schule sowieso schon auf den Keks.«

Ja, genauso wird es sein, dachte Richard. Und jetzt: immer dem Schnabel nach und ohne Angst.

Die Sonne stand schon ziemlich hoch, als Richard auf der Bogenlampe vor dem Schultor landete. Unbeweglich saß er und wartete. Es konnte nicht mehr lange dauern. Der Hausmeister goss die Blumen an den Fenstern. Aus dem Turnsaal kam wildes Triumphgeheul. Da war wohl ein Spiel zu Ende. Dann – das schrille Läuten der Schulglocke. Im nächsten Augenblick drängten so viele Kinder ins Freie, dass Richard zunächst gar niemanden erkannte. War seine Klasse überhaupt dabei? Doch –

dort war Teresa. Und da drüben Hannah. Und Randolf? Wo blieb er nur? Na endlich, als einer der Letzten kam er aus dem Schultor. Neben ihm Richards Freund Max. Beide lachten über irgendetwas. Ob Max auch nicht gemerkt hatte, dass Richard gar nicht Richard war?

Eine Weile flog Richard neben den beiden her, ohne sich bemerkbar zu machen. An der Kreuzung vorne musste Max in eine andere Richtung. »Pass auf, dass du keinem Bären begegnest!«, rief Max seltsamerweise zum Abschied.

Randolf ging allein weiter.

Jetzt! Richard flog so dicht über Randolfs Kopf, dass er ihn fast berührte.

Randolf schaute zu ihm hoch. »Du?«, sagte er. Es klang ein wenig missmutig.

»Ja, ich«, nickte Richard. »Wie war's in der Schule?«

»Ziemlich ulkig«, erzählte Randolf. »Einer hat behauptet, sein Vater hätte gestern einen Bären gesehen. Bei uns gibt's doch gar keine Bären!«

Als Randolf »bei uns« sagte, zuckte Richard zusammen. Jetzt!, dachte er. Ich muss davon anfangen. Wahrscheinlich hat er die Schule sowieso schon satt …

»Und so im Allgemeinen – wie findest du die Schule?«, fragte Richard hoffnungsvoll.

»Ach, ganz nett«, antwortete Randolf. »Nur heute, der Aufsatz – das war ein ziemliches Drama. Ein sattes *Nicht genügend*. Thema verfehlt und gezählte siebenundneunzig Fehler.« Randolf kicherte in sich hinein.

»Aber – meine Geschichten sind immer die besten!«, rief Richard empört. »Ich bin gut im Aufsatzschreiben! Sehr gut sogar!«

»Du vielleicht«, meinte Randolf, »ich nicht.«

Eine Weile schwiegen beide.

Es muss gesagt werden, dachte Richard. Er holte tief Atem und dann sagte er es: »Ich möchte wieder mit dir tauschen.«

Randolf antwortete nicht. Er ging einfach weiter,

so als hätte er nichts gehört. Vielleicht hatte er nichts gehört.

Richard flog etwas dichter an Randolf heran. »Ich will wieder ich sein«, sagte er.

Randolf schüttelte energisch den Kopf. »Keine Chance«, sagte er.

»Jetzt, wo ich endlich durchgesetzt habe, dass es öfter Milchreis gibt. Ich mag Spagetti nämlich nicht besonders. Pommes frites mit Ketschup auch nicht.«

»Wäääh«, machte Richard. »Milchreis! Ich hasse Milchreis! Das werd ich sofort wieder ändern.«

»Kaum«, sagte Randolf. »Deine Mutter kocht nicht für Raben.«

»Du hast mir nicht gesagt, dass es für immer sein sollte«, beklagte sich Richard. »Damals, als wir getauscht haben.«

Randolf zuckte mit den Schultern. »Das Risiko war für mich genauso groß. Es hätte ja auch sein können, dass du nicht mehr tauschen willst.«

»Ich *will* aber«, erklärte Richard. »Und ich weiß auch den Spruch noch.«

Randolf lachte spöttisch. »Soso. Aber du weißt nicht, was man außer dem Spruch noch braucht.« Er bog in den Weg zum Haus ein. »Tschüs, war nett«, sagte er. Es klang ziemlich endgültig.

Richard sah ihm nach, wie er die Stufen zum Haus hinaufging. Wie er sich bückte, um Kleopatra zu streicheln. Die Katze wich seiner Hand aus und fauchte. Wenigstens jemand, der es bemerkt hat, dachte Richard. Randolf verschwand hinter der grün gestrichenen Eingangstür, ohne sich weiter um Richard zu kümmern. Er schien seiner Sache sehr sicher zu sein.

Der weiße Rabe Ramses

Richard flog auf die große Fichte.

Das Rotkehlchen wohnte noch immer da. »Na, schon leiser geworden?«, fragte es.

Richard antwortete nicht.

»Man kann's auch übertreiben«, sagte das Rotkehlchen. »Das mit dem Leisesein.«

Richard sagte nichts. Aus, vorbei, vorüber… Keine Chance, jemals wieder er selbst zu werden.

»Kann ich helfen?«, fragte das Rotkehlchen. Rotkehlchen sind allgemein bekannt für ihre Hilfsbereitschaft.

»Mir kann niemand helfen«, seufzte Richard. Dann fiel ihm ein, was Rocco gesagt hatte. »Höchstens – vielleicht, möglicherweise, eventuell, unter Umständen, wenn's wahr ist – ein gewisser Ramses. Aber wer weiß, wo der zu finden ist.«

»*Ich* weiß, wo der zu finden ist«, sagte das Rotkehlchen.

»Was?« Richard schaute ungläubig. »Wo?«

»Dort drüben, in der Birke«, sagte das Rotkehlchen. »Als weißer Rabe schätzt er Birken.«

»Er ist einfach da – in der Birke unten am See?« Richard konnte es noch immer nicht glauben.

»Aber es ist doch sein Beruf da zu sein«, meinte das Rotkehlchen.

Da war Richard aber schon unterwegs zur Birke.

Der weiße Rabe war nicht leicht zu entdecken. Er saß dicht am Stamm der Birke, kaum zu unterscheiden von der weißen Rinde. Seine Augen waren geschlossen.

Richard war nicht sicher, wie man ihn anzureden hatte. »Großer Meister ...«, begann er zögernd.

Der Weiße öffnete die Augen. »Sei vorsichtig im Glauben an große Meister. Ich bin jedenfalls keiner. Und ich habe auch noch keinen kennen gelernt.«

»Aber Rocco sagt, du kannst helfen, wenn sonst keiner mehr helfen kann.«

»Ich kenne ein paar Tricks. Mal sehen«, sagte Ramses. »Wo ist das Problem?«

»Ich will ich selbst sein«, sagte Richard.

Der weiße Rabe nickte beifällig. »Das ist das Beste, was du sein kannst. Dafür sind wir auf der Welt. Ich seh noch immer kein Problem.«

»Ich bin kein Rabe«, sagte Richard.

»Oh.« Ramses betrachtete Richard eingehend. »Kein Rabe? Tatsächlich? Wer bist du dann?«

Richard deutete mit dem Schnabel zum Haus hinüber, wo Randolf eben aus der Tür trat. »Ich bin er. Wir haben getauscht. Und jetzt will er ich bleiben, sagt er. Und ich kann nie mehr ich sein, wenn er nicht ...« Richard schwieg erschöpft von den vielen Ichs und Ers.

»Wie unangenehm«, bemerkte Ramses. Er hob einen Flügel und begann in den weichen Unterfedern zu zupfen.

Was macht er da bloß, dachte Richard irritiert. Offenbar ist ein weißer Rabe noch lang kein weiser Rabe.

Ramses zerrte an einer Feder. Richard schaute ungeduldig zu. Warum dieser blasse Zeitgenosse ausgerechnet jetzt ...

Ramses hielt eine kleine, weiße, flaumige Feder im Schnabel. »Da, nimm«, sagte er etwas undeutlich. Weil man nicht gut reden kann, wenn man was im Schnabel hält.

»Was soll ich damit?«, fragte Richard. Aber er nahm ihm die Feder aus dem Schnabel.

»Kannst du den Spruch noch?«, fragte Ramses. »Den Randolf bei der Verwandlung gesagt hat?«

Richard nickte eifrig. Den hatte er sich oft genug vorgesagt. »Doch, ja, den kann ich«, sagte er undeutlich. Weil man bekanntlich nicht gut reden kann, wenn man was im Schnabel hält.

»Gut«, nickte Ramses. »Sorg dafür, dass diese Feder Randolf berührt. Dann sag den Spruch. Das sollte wirken.«

Na, hoffentlich weiß der Weiße, was er sagt, dachte Richard. Mit der Feder im Schnabel flog Richard zurück zum Haus. Niemand war zu sehen. Wo war Randolf? Etwa schon beim Mittagessen? Oder beim Aufgabenmachen? Nein – er lag auf Richards Lieblingsplatz. In der Wiese unter dem großen Haselnussstrauch. Genau dort, wo er damals mit Richard getauscht hatte. Ein gutes Zeichen, dachte Richard.

Zum Glück hatte er gelernt, lautlos, ohne Flügelschlag zu gleiten. Und so zu landen, dass sich der Ast unter ihm kaum bewegte. Einer der dünneren Zweige hing genau über Randolfs Gesicht. Randolf hatte die Augen geschlossen und kaute versonnen an einem Grashalm.

Die Gelegenheit kann gar nicht besser sein,

dachte Richard. Aber – würde ihn der Zweig tragen? Langsam tasteten sich seine Füße nach außen. Der Zweig bog sich gefährlich unter seinem Gewicht. Jetzt! Richard beugte sich vor und ließ die kleine, weiße Feder los. Sie schaukelte hin und her, während sie auf Randolf zusegelte. Knapp über seinem Gesicht wurde sie von einem leichten Windstoß erfasst und wieder hochgewirbelt. Richard hielt den Atem an. Der Wind schien die Feder mit sich forttragen zu wollen. Tu's nicht, dachte Richard beschwörend. Einen Augenblick lang blieb die Feder unentschlossen in der Luft stehen, dann sank sie ziemlich schnell. Ganz leicht nur streifte sie Randolf an der Stirn.

Randolf öffnete die Augen und fuhr sich mit einer automatischen Bewegung über die Stirn. Genau dort, wo ihn die Feder gestreift hatte. Er setzte sich auf und spuckte den Grashalm aus.

Richard ließ sich vom Ast gleiten und landete neben ihm in der Wiese. »Du schon wieder«, sagte Randolf. »Ich hab jetzt keine Zeit. Es gibt gleich Mittagessen. Und außerdem steht meine Antwort sowieso fest.«

»Hoch hinauf, pfeilschnell hernieder,
niemand sagt mir, was ich tu,
trägst die Nacht jetzt im Gefieder,
Kind bin ich und Rabe du«,

deklamierte Richard.

»Ha!«, lachte Randolf. »Das hättest du wohl gern. Aber so einfach ist das nicht. Du hast nämlich eine Kleinigkeit verg...« Er sprach den Satz nicht zu Ende.

Richard schaute an sich hinunter. Jeans, Turnschuhe. Etwas verwundert betrachtete er seine Hände. Neben ihm im Gras saß ein großer schwarzer Rabe.

»Schätze, es wird heute keinen Milchreis für mich geben«, sagte Randolf.

Richard schüttelte nur den Kopf.

»Kannst du mir wenigstens verraten, wo ich meinen Schwarm finde?«, fragte Randolf verdrossen.

»Immer dem Schnabel nach und ohne Angst«, erklärte Richard fröhlich.

»Essen ist fertig!«, rief Richards Mutter.

»Ich muss gehen.« Richard stand auf.

Randolf stieg etwas unbeholfen von einem Bein

aufs andere. Dann breitete er die Flügel aus und zog in einem langsamen Kreis höher.

»Es geht noch!«, rief er. »Hatte schon gedacht, ich hab's verlernt!«

»Grüß Roah von mir«, rief Richard. »Und Rocco! Ja – Ralf und Rudi, die auch – unbedingt!«

Randolf antwortete nicht. Vielleicht konnte er Richard gar nicht mehr hören.

»Richard!!!«, rief Richards Mutter vom Haus her.

»Ich komm ja schon«, sagte Richard.

THIENEMANNS FLIEGENDER TEPPICH

Paul Carson
Doktor Norbert Bär
144 Seiten mit vielen Illustrationen
ISBN 3 522 17182 9

Doktor med. Norbert Bär eröffnet eine Arztpraxis im Wald. Zusammen mit seinem Assistenten Baldo Bär geht er tatkräftig ans Werk. Die beiden behandeln jedes Tier, das vorbeikommt – egal, ob es will oder nicht.

Edith Schreiber-Wicke
Bens Geheimnis
144 Seiten mit vielen Illustrationen
ISBN 3 522 17128 4

Eines Nachts wacht Ben auf. Am Himmel steht eine leuchtende Scheibe. Das Ufo nimmt Kontakt mit Ben auf und kündigt ihm ein besonderes Geschenk an. Von da an besitzt er eine geheimnisvolle Fähigkeit ...

Günter Spang
Williwack
112 Seiten mit vielen Illustrationen
ISBN 3 522 17243 4

Irgendwann wurde es Williwack auf der kleinen Insel am Südpol zu langweilig. Der höfliche Pinguin mit dem Frack macht sich auf eine große Reise in die weite Welt, wo ihn die tollsten Abenteuer erwarten ...

THIENEMANNS FLIEGENDER TEPPICH

Phantastische Geschichten eines großen Erzählers

»*Nur wenn man einen bestimmten Tonfall einer Geschichte findet, wird sie wahr.*«
Michael Ende

Auf dieser Reise in die phantastische Welt Michael Endes begegnet man der beharrlichen Schildkröte Tranquilla Trampeltreu, dem hilfreichen Traumfresserchen, dem liebenswerten Teddy Washable, dem kleinen Lumpenkasperle und vielen anderen Figuren, die der eigenen Phantasie Flügel verleihen.

Michael Ende
DER SELTSAME TAUSCH UND ANDERE GESCHICHTEN

OMNIBUS Nr. 20375

Der Taschenbuchverlag
für Kinder und Jugendliche
von C. Bertelsmann